Norbert Golluch

Meine Fresse, das ist ganz großes Kino

W0283380

Norbert Golluch

Meine Fresse, das ist ganz großes Kino

riva

Bibliografische Information der Deutschen Nationalbibliothek
Die Deutsche Nationalbibliothek verzeichnet diese Publikation in der Deutschen Nationalbibliografie. Detaillierte bibliografische Daten sind im Internet über http://dnb.d-nb.de abrufbar.

Für Fragen und Anregungen
info@rivaverlag.de

Originalausgabe
1. Auflage 2020
© 2020 by riva Verlag, ein Imprint der Münchner Verlagsgruppe GmbH
Nymphenburger Straße 86
D-80636 München
Tel.: 089 651285-0
Fax: 089 652096

Alle Rechte, insbesondere das Recht der Vervielfältigung und Verbreitung sowie der Übersetzung, vorbehalten. Kein Teil des Werkes darf in irgendeiner Form (durch Fotokopie, Mikrofilm oder ein anderes Verfahren) ohne schriftliche Genehmigung des Verlages reproduziert oder unter Verwendung elektronischer Systeme gespeichert, verarbeitet, vervielfältigt oder verbreitet werden.

Redaktion: Petra Holzmann
Umschlaggestaltung: Pamela Machleidt
Umschlagabbildung: shutterstock/Gal Amar, studiostoks, MicroOne
Illustrationen: Jan Buckard
Satz: Carsten Klein, Torgau
Druck: CPI books GmbH, Leck
Printed in Germany

ISBN Print 978-3-7423-1448-2
ISBN E-Book (PDF) 978-3-7453-1112-9
ISBN E-Book (EPUB, Mobi) 978-3-7453-1113-6

Weitere Informationen zum Verlag finden Sie unter
www.rivaverlag.de
Beachten Sie auch unsere weiteren Verlage unter www.m-vg.de

Inhalt

YOLO

Ohne Frage: Sprache ist etwas Lebendiges

Unsere Sprache hat kräftige Wurzeln in der Vergangenheit: Auch heute noch werden Hunde in der Pfanne verrückt und so manche Zumutung schlägt dem Fass den Boden aus. Die alten und überlieferten Redensarten sind erstaunlich zäh, aber die Neuschöpfungen unserer lebendigen Sprache sind ihnen auf den Fersen und erobern mehr und mehr von ihrem Terrain. Nutzer der alten Version unserer Muttersprache treffen immer häufiger auf Gesprächspartner, die ihnen und ihren alten Redewendungen nicht recht folgen können. Ihnen klappt angesichts einiger uralter Sprachwendungen *der Kiefer runter* und sie fragen ihren Gesprächspartner:

»Was? Wer ist denn überhaupt dieser Bartel? Und was holt der? Most? Was will er denn mit dem Zeug? Und *auf was für einem Trip bist du denn? Ohne Scheiß jetzt*, ich versteh kein Wort von dem, was du sagst!«

Umgekehrt sieht es nicht besser aus und genau deshalb will dieses Buch sozusagen die Altsprachler in die Lage versetzen, die lebendigen Neuschöpfungen jetztzeitlicher Menschen besser zu verstehen, damit jahrhundertealte Formulierungen mit Kreationen aus der sprachlichen Kinderstube zu einer neuen Muttersprache zusammenwachsen können. Das funktioniert – *da kannst du einen drauf lassen!*

Was sind überhaupt Redensarten?

Man nennt sie nicht nur »Redensarten« – oft meinen die Bezeichnungen »Phrase«, »Floskel«, »stehende Wendung« oder »Redewendung« dasselbe: ein sprachliches Bild bestehend aus immer denselben Wörtern, die eine Einheit bilden und einen gewünschten Sinn transportieren. Redensarten variieren zwar, doch schwankt ihr Sinngehalt, wenn sie abgewandelt oder einzelne Wörter ausgetauscht werden. »Da wird doch die Kuh im Bräter verrückt!« – Das klingt zwar lustig, benötigt aber eine Erläuterung, um wie gewünscht verstanden zu werden. Beim Original – »Da wird doch der Hund in der Pfanne verrückt!« – bedarf es keiner Nachfrage, alle wissen, was gemeint ist. Umbasteln macht Spaß und in seltenen Fällen entstehen tatsächlich neue, allgemein gültige Sprachgebilde. Zum Beispiel: »Das schlägt dem Fass den Boden ins Gesicht!«

Wir brauchen Redewendungen und schaffen auch immer wieder neue, weil sie einprägsamer als die alltägliche Sprache sind und auch durch ihre Bildhaftigkeit länger im Gedächtnis haften bleiben. Außerdem geben sie der Sprache Farbe, wo sonst nur grau-in-grau gesprochen wird. Aber was grenzt alte von neuen Redensarten ab?

Die neuen Redensarten

Sie unterscheiden sich von den alten in Alter und Herkunft und werden meist von einem jungen Sprecherkreis nahe am Zeitgeist verwendet. Wann und wo sie zum ersten Mal aufgetaucht sind, ist oft schwer zu sagen, manchmal gar nicht zu ermitteln, weil die Sprachwissenschaft sich ihrer noch nicht angenommen hat. Deshalb muss dieses Buch hin und wieder resignierend feststellen: Quelle unauffindbar, wir konnten die Herkunft nicht ermitteln. Immerhin kann herausgefunden werden, wo diese neuen Redewendungen verwendet werden und was sie bedeuten – das muss manchmal genügen.

Was man halt so macht

abharzen

Dieses Verb und damit verbundene Formulierungen bezeichnen die Neue Deutsche Faulheit (NDF), keineswegs mit der Neuen Deutschen Welle (NDW) zu verwechseln. Wer abharzt, genießt dank Vater Staat das Leben mit einer soliden finanziellen Basis, kann ohne Zukunftssorgen faul auf dem Sofa abhängen, chillen und herumgammeln – Hartz IV sei Dank. Womit auch klar ist, dass die korrekte Schreibweise des Verbs eigentlich *abhartzen* sein müsste, aber die abharzende Klientel hat es nicht so sehr mit der Rechtschreibung. Womit endlich das Maß der Stereotype voll ist, denn jedem sollte klar sein, dass cooles Abhängen mit Hartz IV nur Menschen mit dem Gemüt und Intelligenzquotienten eines Sofakissens ohne Beschwerden gelingen kann. So richtig wohl fühlt sich mit Hartz IV wohl kaum einer – außer vielleicht Kinder der zweiten oder dritten Generation, die es wie früher machen: Vaters (oder Mutters) Beruf erlernen: Hartzi. Sie kennen es nicht anders.

Ohne die gemütliche Vorsilbe *ab-* wird aus dem *harzen* sogar eine aktive Tätigkeit. Auf die Frage: »Und, was machst du beruflich?« erfolgt die Antwort: »Na was schon? Harzen!«

angesagt sein

Bezeichnet ein aktuelles Thema, etwas ist modern, aktuell, im Schwange, in Mode oder zeitgemäß. Es ist der Zeitgeist, der eine Ansage macht, könnte man glauben, denn wer sonst könnte es sein? Allenfalls noch die Meinungsführer aus den Medien oder sogar die Schwarmintelligenz, die eine kollektive Ansage formuliert. Einer der Ansager oder Ansagerinnen aus Rundfunk und Fernsehen war es jedenfalls nicht – dann schon eher ein Blogger oder eine Influencerin, an deren Lippen die Trends hängen. Wir wissen, was die Redewendung bedeutet – woher die Formulierung kommt, ist noch ungeklärt.

auf Achse sein

Ob mit einem Fahrzeug, also auf Rädern, oder zu Fuß – auf Achse ist jedermann, der unterwegs ist. In der Redewendung steckt die indogermanische Silbe *ag-*, die auch im lateinischen Verb *agere* = bewegen, handeln, (vorwärts) treiben wirkt und des Weiteren in Wörtern wie Aktion, Agent, Achsel und eben auch in Achse ihren Niederschlag findet. Zwar hätte die Redewendung auch schon in mittelalterlichen Zeiten Verbreitung finden können, aber richtig in Schwung kam das »auf Achse sein« erst im 20. Jahrhundert mit der Einführung des Automobils, auf dessen Achsen man sich in die neue Zeit fortbewegte.

den Abflug machen

Einfach nur sagen, dass man den Ort des Geschehens verlässt, ist nicht jedermanns Sache. Auf die Variante *Ich bin dann mal weg!* kommen wir noch, es gibt aber etliche andere Möglichkeiten im Bereich der Redensarten jenseits von *Tschüss!*, *Auf Wiedersehen!* oder *Pfüat di!*, um auf seine künftige körperliche Abwesenheit hinzuweisen: *Ich mach die Fliege!* beschreibt zum einen die hohe Geschwindigkeit des Abgangs, zum anderen vermuten manche Quellen eine Verbindung zu dem Verb *fliehen*. Bei der Variante *Ich mach die Biege!* könnte sich diese Vermutung weniger auf das Verb *biegen* als auf die erweiterte Form *abbiegen* beziehen. *Wer die Biege macht, kratzt sozusagen die Kurve* – er verschwindet vom Ort des Geschehens, um nicht angetroffen oder erwischt zu werden. Einbrecher zum Beispiel *machen die Biege*, wenn der Sicherheitsdienst erscheint. Noch schwieriger liegt die Erklärungslage bei der Variante *Ich mach die Flatter!*, denn weder erhebt sich der Sprechende tatsächlich in die Lüfte, noch zeichnet irgendetwas an ihm schmetterlingshafte Leichtigkeit aus. Und wenn man die ausführlichere Version *Ich mach den Flattermann!* zur Unterstützung der Deutungsversuche heranzieht, wird das Chaos nur noch größer: *Flattermann* ist in manchen Regionen die Bezeichnung für das *Brathähnchen*. In solchen Zuständen macht jede germanistische Logik *die Flatter*.

die Pupille auf Null drehen

Ein schönes Bild aus der Jugendsprache: Wer sich zum Schlafen legt oder geistig abwesend ist, dreht die Pupille auf Null. Diese Floskel ersetzt so abgegriffene sprachliche Lösungen wie das lalldeutsche *Bubu machen*, das altväterliche *an der Matratze horchen* oder das bildungsbürgerliche *in Morpheus' Armen liegen*. Einmal ausgesprochen, weckt es auch noch Interesse beim Zuhörer: Ich dreh mal die Pupille auf Null! Wie bitte?

eine Auszeit nehmen

Alle sind gestresst, leiden unter ihrer Arbeit, kämpfen mit dem Burn-out und würden nur allzu gerne eine Auszeit von ihrem Alltag nehmen – bis hin zum Sabbatical oder Sabbatjahr, der tarifrechtlich geregelten Superauszeit. Dass dessen Bezeichnung mit dem jüdischen Feiertag Sabbat zusammenhängt, liegt auf der Hand, aber woher kommt die Auszeit? Schuld ist vermutlich der Sport: Das englische *timeout* bezeichnet eine Unterbrechung eines Spiels, die von einer der beteiligten Mannschaften in Anspruch genommen werden kann. Deutsche Sportler übersetzen diese Regelung völlig korrekt mit Auszeit. Über viele Auszeiten in Basketball, American Football, Eishockey, Hockey, Handball, Tischtennis und etlichen anderen Sportarten bürgerte sich das Wort langsam ein und wurde zunehmend auch für andere Bedeutungsbereiche genutzt. Heute nehmen sich Menschen

Auszeiten nicht nur im Freizeitsport, sondern vor allem im Arbeitsleben und in ihren persönlichen Beziehungen, und zwar aus den gleichen Gründen wie im Sport: Wenn es mal nicht so richtig gut läuft – nimm doch einfach eine Auszeit!

einen im Tee haben

Es wird vermutet, dass diese Redensart norddeutschen Ursprungs ist, denn dort wird die Sitte praktiziert, das Heißgetränk Tee mit Rum »aufzuwerten«. Demnach müsste die Redewendung vollständig lauten: einen (Rum) im Tee haben. Das allerdings dürfte noch nie jemand irgendwo gehört haben, was aber nicht unbedingt gegen die Richtigkeit des Zusammenhangs sprechen muss. Wer sich darüber nicht den Kopf zerbrechen mag, kann auch einen in der Krone haben, sich einen auf die Lampe gießen, einen in der Kiste haben oder zu tief ins Glas schauen. Neuerdings kann man übrigens auch angehopft sein (Rausch durch Bier).

einen Polnischen machen

Viele Ethnien haben einen Platz in unserer Sprache gefunden, etliche davon werden sich – ironisch gesagt – dafür bedanken. Wer etwas *türkt*, der täuscht in böser Absicht etwas vor, und damit er nicht erwischt wird, *macht er den Polnischen* – er entfernt sich unauffällig – denn sonst drohen ihm *schwedische* Gardinen. Sie verstehen das nicht, das kommt Ihnen *spanisch* vor? Das wird schon.

Einen Polnischen machen oder *einen polnischen Abgang machen* benennt die polnische Sitte – so unterstellt man mit dieser Redewendung –, ohne Verabschiedung zu verschwinden, vermutlich noch unter Mitnahme von Teilen des Inventars. Diese Floskel könnte man als diskriminierend und rassistisch deuten (ist sie ja auch), aber wir bösen Deutschen sind damit nicht allein in der Welt. In den Vereinigten Staaten nennt man denselben Sachverhalt *irish goodbye* und die Briten umschreiben wenig freundlich das diskrete Verschwinden mit *einen Franzosen machen.* Dank Brexit kommt noch eine neue, hochaktuelle Variante hinzu: *british goodbye* – sich verabschieden, aber erst mal nicht gehen. Schließlich hat es ja aber doch noch geklappt mit dem britischen Abschied. Wer sprachlich politisch korrekt sein will, *verschwindet unauffällig.*

etwas auschecken

Das Ein- und Auschecken am Flughafen oder im Hotel hat mit der Redewendung, wie sie heute gebraucht wird, wenig zu tun, denn es geht nicht um das An- oder Abmelden in einem Datensystem, sondern um Übersicht und Kontrolle, und da kommt bestenfalls die Checkliste ins Spiel.

Abgehakt? Gecheckt!

Besonders in der Jugendsprache breitete sich das Wort checken oder auschecken als ein Synonym für die Verben überprüfen, kontrollieren und nachsehen aus. Heute checkt man die Lage, der Aufreißer checkt, ob bei der Schnitte etwas geht, und das Auto wird in der Werkstatt durchgecheckt. Alles eine Frage der Kontrolle.

Haben Sie das gecheckt?

Auf einer zweiten Bedeutungsebene ist checken also ein Synonym für verstehen, begreifen, ein Sinn, den das englische Verb *to check* nicht enthält.

»Hast du ihm das erklärt?«

»Ja, aber der Typ checkt es einfach nicht!«

Die Wurzeln des englischen, aber auch des deutschen Wortes liegen in Frankreich; *eschacquier* bedeutet Schach spielen und so heißt das Spiel im Englischen heute zwar *chess*, doch bedroht ein Mitspieler den König des anderen mit dem Ausruf: »Check!«

etwas durchziehen

Diese Redewendung ist mit der Bedeutung *etwas auch gegen Widerstände durchsetzen oder zu Ende bringen* in Gebrauch. Eine Variante davon, *seinen Stiefel durchziehen*, hat etwa dieselbe Bedeutung, aber eine gute Portion Sturheit mehr. Ob ein Zusammenhang zur Drogensprache – *einen (Joint) durchziehen* – besteht, müsste in einer größeren sprachwissenschaftlichen Untersuchung erforscht werden.

etwas eintüten

In früheren Zeiten hießen die kleinen Lebensmittelläden Tante-Emma-Läden. Dort wurden die Bonbons noch einzeln abgezählt und eingetütet. Vielleicht liegen da die Wurzeln der in neuer Weise gebrauchten Redewendung. Um das Abfüllen von Gegenständen in eine Tüte geht es jedenfalls heutzutage nur noch selten. Wer heute etwas eintütet, hat einen Handel perfekt gemacht, einen Vertragsabschluss unter Dach und Fach gebracht oder allgemeiner: einen komplexen Vorgang erfolgreich abgewickelt oder eine Problemlösung mit Aussicht auf Erfolg vorbereitet – salopp gesagt: etwas klargemacht.

etwas googeln

Vor dem 15. September 1997 war die Erde wüst und leer, denn es gab Google noch nicht. Dann aber, an diesem Tag, ging die Suchmaschine unter dem Namen Google online, seither führt das Verb *suchen* einen schier aussichtslosen Abwehrkampf, es verliert immer mehr an Terrain gegen die verbalisierte Form des Wortes Google. Das Verb *googeln* wurde 2004 in den Duden aufgenommen, parallel existiert die an der englischen Herkunft orientierte Variante *googlen*, und die ist weiter auf dem Vormarsch. Das Unternehmen Google tut übrigens alles dafür, sein Markenrecht nicht zu verlieren, denn das könnte geschehen, wenn der Name Google wie Tesafilm, Uhu oder Tempo als allgemeingültiger Gattungsname verstanden würde. Zeitungsredaktionen, Wörterbuchverlage und Sprachwissenschaftler werden hin und wieder daran erinnert, dass der Bezug zur Google-Suchmaschine nicht verloren gehen sollte.

etwas rüberwachsen lassen

»Lass mal einen Hunderter rüberwachsen!« – Die ideale Redewendung für die Supercool-Fraktion der Menschheit. Wer so redet, hat auch dicke Eier (hoffentlich nur im übertragenen Sinn) und redet eine Tonlage zu tief, um bedeutender zu wirken. Wie der unschuldige organische Vorgang des Wachsens in die Redewendung geraten ist, sagt zurzeit nicht einmal das allwissende Internetlexikon – hier besteht noch die schöne Möglichkeit eines Forschungsauftrags für unternehmungslustige Germanisten. Das Bild, das die Redewendung auslöst, der sich über alle Maßen verlängerte Arm mit dem Hunderter (oder der Zigarette), lässt den Redenden nicht seriöser wirken.

für jemanden die Kastagnetten aus dem Feuer holen

Diese scherzhafte Verballhornung einer Redewendung ist nur eine von vielen, die viel zu oft wiederholt werden. Kastagnetten, hahaha, nicht Kastanien, wie lustig! Da wird doch das Huhn in der Pfanne verrückt! Ich glaub', mein Hamster bohnert! Wer anderen eine Grube gräbt, ist ein Bauarbeiter! Niemand käme auf die Idee, immer denselben Witz zu erzählen, bei den Redewendungen und Sprichwörtern aber versagt oft die freiwillige Selbstkontrolle. Auch hier gilt: Auf die Dosis kommt es an!

jemanden abblitzen lassen

Man könnte auf die Idee kommen, dass diese Redewendung vom Blitzlichtgewitter beim Auftritt eines Popstars herrührt. Um diese Art von Blitz geht es aber aller Wahrscheinlichkeit nach nicht, sondern es blitzte in der nicht allzu fernen Vergangenheit: Im 18. Jahrhundert kamen die ersten Schusswaffen in Gebrauch, die waren jedoch noch ziemlich primitiv gebaut. Da konnte es geschehen, dass ein Schütze den Abzug betätigte, aber statt die Treibladung zu zünden und eine Kugel zu verschießen, blitzte das Pulver auf der Pfanne nur kurz auf und verbrannte ohne Effekt. Die Kugel blieb im Lauf und die ganze Aktion wirkungslos – und genau da liegt die übertragene Bedeutung der Redewendung. Meist wird sie heutzutage auf zwischenmenschliche Annäherungsversuche angewendet: Das Werben bleibt ohne Erfolg, der Liebhaber ist abgeblitzt und hat – noch eine Redensart – sein Pulver verschossen. So könnte die Sache zusammenhängen.

jemanden schräg von der Seite anmachen/anquatschen

Diese Wendung stammt aus der Jugendsprache der 1990er-Jahre. Beschrieben wird ein etwas unerwarteter oder ungewöhnlicher Versuch einer Kontaktaufnahme, die unerwünscht ist. *Schräg von der Seite* sagt hier aus, dass die angesprochene Person die Vorgehensweise nicht für geradlinig, sondern als nicht den gesellschaftlichen Umgangsregeln entsprechend, vielleicht sogar als hinterhältig einschätzt. Eines ist sicher: Hier endet ein erster Kontaktversuch schlagartig und nachhaltig.

jemandem ein Ohr abkauen

Hier handelt es sich um eine der Redewendungen, die recht häufig gebraucht werden, deren Herkunft aber relativ schwer zu erklären ist. Vielleicht funktioniert diese Quellentheorie: In einer 120-Phon-Diskothek der 1970er- oder der frühen 1980er-Jahre beobachtet jemand ein Paar, das einen Kommunikationsversuch wagt. Die beiden kämpfen verzweifelt gegen AC/DC und »Highway to Hell« in Triebwerklautstärke an und um verstanden zu werden, nähert sich der Sprechende dem Ohr des Zuhörenden bis auf wenige Zentimeter. Er redet laut und akzentuiert, zu erkennen an den deutlichen Mundbewegungen, und seine Worte treffen direkt auf den Gehörgang des Hörenden im ansonsten akustischen Chaos, das sie zu verschlingen droht. Für den Beobachter, der etwas entfernt im klanglichen Inferno steht und den kein Einziges dieser Worte erreicht, sieht die Szene so aus, als würde der Sprecher versuchen, seinem Zuhörer ein Ohr abzukauen. Eine gewagte Theorie? Eine andere ähnliche Redewendung versuchen wir lieber nicht zu erklären: *jemanden eine Kante an den Sack labern …*

in die Strümpfe (Socken) kommen

Socken trifft man überall in der alltäglichen Kommunikation: Wer aufbricht zu neuen Taten, *macht sich auf die Socken.* Wer von etwas überrascht wird, ist *von den Socken*, und wenn jemanden ein schwerer Schlag trifft, dann *haut es ihn aus den Socken.* Dementsprechend verwundert es nicht, wenn die Socken auch in einer sprachlichen Aufforderung eine Rolle spielen. So salopp, neuzeitlich und flott die Redewendung klingt – es könnte sein, dass sie uralte Wurzeln hat. *Soccus* ist das lateinische Wort für einen flachen Schuh, wie ihn die Römer trugen. Vielleicht bringt diese Floskel also Menschen schon seit 2000 Jahren in Schwung. Wer sprachlich brillieren möchte, kann seine Aufforderung auch einmal variieren: *Komm in die Hufe!* und *Komm in die Puschen!* bieten sich an. Ursprünglich Teil der Jugendsprache der 1980er-Jahre, sagen beide Formulierungen eigentlich das Gleiche. Einen anderen Aspekt der Angelegenheit beleuchtet der Aufruf: *Komm aus dem Quark!* Nein, hier steht nicht etwa jemand mit seinen Füßen in dem Milchprodukt, und Socken oder Schuhe spielen ebenfalls keine Rolle. Im 16. Jahrhundert gebrauchte man das Wort *Quark* für Unbedeutendes oder Nichtigkeiten. Wer aufgefordert wurde, *aus dem Quark zu kommen*, sollte sich also mit den wichtigen Dingen des Lebens befassen.

sich die Radieschen von unten ansehen

Das ist eine der vielen Umschreibungen für das Tod-Sein, und sie kommt offenbar direkt vom Friedhof und aus dem Grab, denn sie schildert die Perspektive der begrabenen Leiche, die – übrigens regional unterschiedlich – Pflanzen von unten betrachten kann, seien es Radieschen oder Kartoffeln. Es ist ein recht einfaches sprachliches Bild verglichen mit anderen älteren Redensarten, zum Beispiel *über die Wupper gehen*. Hierbei handelt es sich nicht nur um eine lokale Variante der ebenfalls bekannten Redensart *über den Jordan gehen*, denn in Wuppertal soll es, so erzählt man sich, ein Gefängnis gegeben haben, in dem zum Tode verurteilte Häftlinge auf ihre Hinrichtung warten mussten. Der Todestrakt des Gebäudes war nur über eine Wupperbrücke erreichbar und wer über die Wupper ging, den sah man nie wieder. Allgemein ist aber wohl in der menschlichen Symbolwelt das Überschreiten eines Flusses Sinnbild für den Wechsel aus der Welt der Lebenden in das Reich der Toten. So erreicht man auch in der griechischen Mythologie das Totenreich, Hades genannt, über den Fluss Styx. Allerdings: Da ist von Radieschen keine Spur.

sich einen abasten

Unter dem *Ast* verstand man früher einen Buckel, einen krummen Rücken. Den bekam man sozusagen gratis, wenn man eine schwere Last trug – man nahm *etwas auf den Ast.* So sagt man noch heute, wenn etwas auf dem Rücken geschleppt wird. Neu ist diese Redewendung nicht, aber weil sie einen Vorgang passend und kraftvoll beschreibt, bleibt sie in Gebrauch.

sich einen Ast lachen

Was in dieser Redewendung gemeint ist, sagt eine ihrer Varianten: *Ich lach mich krumm!* oder *Ich lach mich bucklig!* sagt ungefähr dasselbe, denn mit dem *Ast* ist ein Buckel gemeint – so sagte man früher. Und wer je so richtig gelacht hat, weiß, dass man sich dabei spontan krümmt – und damit wären wir bei der dritten Redewendung: *Ich könnt mich kugeln vor Lachen!*

völlig verstrahlt sein

Unter einer Verstrahlung versteht man im ursprünglichen Sinn die Kontaminierung mit einer radioaktiven Substanz – mit geistigen Mängeln oder Bewusstseinszuständen hat sie eigentlich nichts zu tun. Ob Tschernobyl, Three Mile Island oder Fukushima bei der Entstehung dieser Redewendung eine Rolle gespielt haben, ist schwer zu sagen. Viele vermuten die Quelle in der Jugendsprache, zumal der Rapper Marteria im August 2010 einen Titel »Verstrahlt« herausbrachte. In diesem Zusammenhang bedeutet *verstrahlt sein* in etwa *abseits der Realität leben*, sei es durch eine geistige Schädigung, Drogen oder einen Liebesrausch. Jemand ist total durcheinander, hat einen Spleen, ist unorganisiert oder weltfremd, er steht neben sich oder neben der Spur.

Hier ist aber vor allem anzumerken, dass die deutsche Sprache eine Besonderheit aufweist. Die Wörter für Schnee, die den Inuit zugeschrieben werden, sind eine winzig kleine Menge gegen den Katalog von Ausdrücken und Redewendungen, welche die deutsche Sprache für mögliche Abstufungen der Geistesschwäche oder Geisteskrankheit zu bieten hat. Hier eine Auswahl, es sind etwa 112 Wendungen:

ballaballa • bedeppert • behämmert • bekloppt • beknackt • belämmert • bescheuert • beschränkt • beschruppt • besemmelt • bestusst • birnig • blöde • ein Dämlack sein • dämlich • das Pulver nicht erfunden haben • dem geht's wohl nicht gut • dem haben sie ins Gehirn geschissen • den Schuss nicht gehört haben • den Verstand verloren haben • deppert • die Kappe ab haben • die Weisheit nicht mit Löffeln gefressen haben • doof • dumm geboren und nichts dazugelernt • dumm wie Bohnenstroh • dumm wie Brot • dumm wie Schifferscheiße • dumm wie zehn Meter Feldweg • dümmer, als die Polizei erlaubt • ein Dummerjan sein • ein Dummkopf sein • dümmlich • ein Ei am Wandern haben • ein Spatzenhirn haben • eine Meise haben • eine Schraube locker haben • einen an der Klatsche haben • einen an der Mütze haben • einen an der Waffel haben • einen Dachschaden haben • einen Hammer haben • einen Haschmich haben • einen Hau weg haben • einen Huscher haben • einen kleinen Mann im Ohr haben • einen Knacks weghaben • einen Knall haben • einen Piep haben • einen Piepmatz haben • einen Schaden haben • einen Schatten haben • einen Schlag haben • einen Schlag weg haben • einen Sockenschuss haben • einen Sonnenstich haben • einen Spleen haben • einen Sprung in der Schüssel haben • einen Triller unterm Pony haben • einen Vogel haben • einen weichen Keks haben • einfach gestrickt sein • gaga sein • gehirnamputiert • geistig minderbemittelt • geistig nicht mehr auf der

Höhe • grenzdebil • hirnig • hohl • idiotisch • irrsinnig • keinen Grips im Kopf haben • leicht verrückt sein • merkbefreit • mit dem Klammerbeutel gepudert • naturblöd • neben der Spur sein • nicht (ganz) bei Trost sein • nicht alle Tassen im Schrank haben • nicht besonders helle sein • nicht bis drei zählen können • nicht ganz bei Trost sein • nicht ganz dicht sein • nicht ganz frisch in der Birne • nicht ganz richtig im Kopf • nicht ganz richtig im Oberstübchen • nicht ganz sauber ticken • nicht gerade helle • nicht mehr alle Latten am Zaun haben • nicht richtig ticken • saublöd • saudoof • saudumm • schwachköpfig • seine fünf Sinne nicht beieinander haben • selten dämlich • sie nicht alle haben • so dumm, dass ihn die Schweine beißen • spinnen • stockdumm • Stroh im Kopf haben • strohdumm • strunzdoof • strunzdumm • stupide • talentfrei • total Banane • unterbelichtet • verpeilt sein • verstrahlt sein • voll panne • von allen guten Geistern verlassen • weiß nicht, was er daherredet

voll depri sein

Depri ist in diesem Fall eine Kurzform und steht für *Depression*. Als Redewendung ist jedoch weniger die spezifische Krankheit als vielmehr eine allgemeine, niedergeschlagene Grundstimmung gemeint. Wer also *voll depri ist*, dem – Vorsicht, Redewendung! – *scheint nicht gerade die Sonne aus dem Arsch.*

vorglühen

Ob die Redewendung so alt ist wie der Vorgang des Vorglühens beim Dieselmotor, wurde wahrscheinlich noch nicht untersucht. Bei älteren Motoren mit diesem Treibstoff musste man nämlich vor dem Anlassen als Zündhilfe die Glühkerzen glühen lassen, und das ziemlich lange. Analog dazu glüht der Jugendliche die Zündung seines Stimmungsmotors mit etwas Alkohol vor, bevor er auf die Piste geht. Das Partyfeeling wird mit sogenannten Shots in Schwung gebracht, hochalkoholische Getränke, die Korn, Likör, Wodka oder Tequilla enthalten und in 2 cl- oder 4cl-Gläsern serviert und auf einen Zug gekippt werden. Es geht aber auch anders – Hauptsache Promille. Die Leber lässt grüßen.

weg vom Fenster sein

Es geht um einen guten Platz mit hervorragendem Ausblick und frischer Luft: den Platz am Fenster. Und wer den verliert, büßt Privilegien ein. Er ist nicht mehr dabei, seine Ansichten sind nicht mehr gefragt. Die bildhafte Redewendung erklärt sich fast von selbst, wenn man sich vor Augen führt, aus welchen Gründen jemand vom Fenster verschwindet: der gestern noch beliebte Herrscher zum Beispiel, der heute von seinen Gegnern gestürzt wurde und nun seinem begeisterten Volk nicht mehr vom Fenster aus zuwinken darf. Oder die alte Dame, die sonst jeden Nachmittag im Parterrefenster lag, mit zufällig vorbeikommenden Nachbarn einen Plausch hielt und das Treiben auf der Straße verfolgte. Es klingt schon fast brutal, wenn man über die sagt: »Die ist weg vom Fenster!« Doch die Redewendung kommt vor allem dort zum Einsatz, wo über den sozialen Status einer Person geredet wird, die an Einfluss verloren hat.

16

Business-Talk

am Ende des Tages

Diese Wendung hat ihren Ursprung in der englischen Redewendung *at the end of the day*, die keineswegs mit dem 24-Stunden-Tag zu tun hat und schon gar nicht dessen Ende – den Abend – bezeichnet, sondern richtig mit *letztendlich, letzten Endes, zuletzt* oder *im Endeffekt* zu übersetzen wäre. Sie kündigt im Englischen einen Schlusspunkt, ein Resümee an, für das eine deutsche Redewendung *am Ende des Tages* keine adäquate Form ist. *Schlussendlich* und *zu guter Letzt* wäre hier zu bemerken, dass es sich *unterm Strich* bewährt, auf deutsches Englisch zu verzichten und *letztlich* mit den Vokabeln der eigenen Sprache auszukommen, die es, wie dieser letzte Satz beweist, in Hülle und Fülle gibt. *Am Ende des Tages* geht dann wieder die Sonne unter und nicht das sprachliche Verstehen …

Da bin ich ganz bei dir.

Diese Wendung steht eigentlich nur für eine ganz gewöhnliche Aussage, nämlich: Da bin ich ganz deiner Meinung! Aber warum etwas ganz einfach und nüchtern sagen, wenn man es auch geschraubt sagen kann? Zudem schwingt bei *Da bin ich ganz bei dir* etwas Anbiederndes, eine Vereinnahmung in der Art einer unerwünschten Umarmung mit. Sie sollten sich überlegen, ob Sie diese Redewendung benutzen wollen. Sensible Menschen werden den Sprecher möglicherweise in die Abteilung Einschleimer und Betrüger einordnen.

Damit bin ich fein.

Wieder einmal der bereits bekannte Fall: Eine Redewendung kommt daher, als stamme sie aus der deutschen Muttersprache, und in Wirklichkeit ist sie verkapptes Englisch, ins Deutsche eingequirlt, um den Sprecher interessant zu machen. Nein, das ist nicht fein! Benutzt wird die verquere Floskel, wenn man seine Zustimmung zu einem Vorschlag ausdrücken möchte. *That's fine with me!* würde ein Bürger Großbritanniens sagen, der deutsche Muttersprachlern wäre mit *Das ist für mich in Ordnung!* bestens bedient, käme sich aber wahrscheinlich weitaus weniger *cool* vor.

Das Geschäft brummt.

Hier haben wir es mit einem *lapsus linguae* zu tun, aber mit einer der fehlerhaften Sprachentwicklungen, die wunderbar passend und dabei auch noch unmittelbar und schön ausdrücken, was gesagt werden soll. Eigentlich nämlich *boomt* ein Geschäft, erfreut seinen Besitzer, zeigt eine steile Erfolgskurve und wirft einen guten Ertrag ab. Irgendwann hat irgendwer mal im Gespräch über eine Firma nicht so ganz genau hingehört und aus dem *Boomen* das *Brummen* gemacht – klanglich ist das nur ein Konsonant mehr – und schon klingt es fabelhaft nach fleißigen Bienen in ihrem Stock, in dem es krabbelt und summt und der als Ganzes vibriert und in Schwingung ist. Analog dazu die Firma – man spürt es förmlich in einer Art Körperschall; wenn man nur ihren Namen ausspricht, hat man das Bild einer beeindruckenden Maschinerie zum Gelddrucken vor Augen, die eine darin verborgene Mechanik in Schwingung versetzt und dieses warme Brummen des Erfolges hervorbringt ... So überraschend passgenau kann das Ergebnis sein, wenn sich mal einer verquatscht.

Das habe ich auf dem Radar.

Es ist sofort ersichtlich, dass diese Redewendung ihren Ursprung nicht in frühmittelalterlichen Verhältnissen hat. Die mit dem Radar verbundenen technischen Neuerungen entwickelten sich zu Beginn des vergangenen Jahrhunderts, zum tatsächlichen Einsatz zur Ortung von Flugzeugen und Schiffen kam das Radar kurz vor dem und im Zweiten Weltkrieg. Es brauchte allerdings noch mehr als fünfzig Jahre und den vieltausendfachen Einsatz von Radargeräten, bis sich die Redewendung in der Umgangssprache eingebürgert hat. Sicher wird dabei auch der Einsatz der Technik auf Flughäfen und der Beruf des Fluglotsen eine große Rolle gespielt haben. Zum Beispiel: Der Fluglotse kommt nach einem anstrengenden Arbeitstag nach Hause und seine Frau beschwert sich, dass er die Tochter nicht von der Krabbelgruppe abgeholt hat. Seine Entschuldigung: »Verflixt, das hatte ich jetzt gar nicht mehr auf dem Schirm!« Womit auch die gängigste Variante der Redewendung benannt wäre: *etwas auf dem Schirm haben.*

Das ist ein absolutes No-Go.

Die Aussage ist einfach: Etwas geht gar nicht. Dieses englische Idiom – das Herkunftsland sollen die Vereinigten Staaten sein – hat womöglich einen historischen Hintergrund in der Bostoner »Morning Post« von 1838/1839. Die Zeitungsredakteure besagter Zeitung lockerten ihre Artikel mit allerlei Abkürzungen und Sprachspielen auf, eine davon war KG – *know go,* wohl bewusst falsch geschrieben, im Klangbild verstanden als *no-go,* zu Deutsch etwa *läuft nicht*. Der Fehlerteufel tat ein Übriges. Andere Quellen vermuten, dass das Adjektiv *no-go* – denn um ein solches handelt es sich im Englischen – im Zusammenhang mit der Kommunikation der Astronauten steht, denn das Gegenstück zu *no-go* – etwas geht nicht, etwas funktioniert nicht – ist ja *go* – alles in Ordnung.

No-Go wurde aber erst zu Beginn des neuen Jahrtausends als Medien- und Werbeagentur-Denglish wiederbelebt. Im Privatfernsehen war es Detlef D. Soost, der in der Sendung »Popstars« mit diesen Worten Kandidaten und ihre Auftritte beschrieb. Als Attribut kommt *no-go* in der *No-Go-Area* vor, einem Gebiet oder einem Bereich in einer Stadt, den man möglichst meiden oder noch nicht einmal betreten sollte. *No-Go-Areas* existieren in deutschen Städten ganz nach dem Parteibuch desjenigen, der Auskunft darüber gibt.

Das ist doch keine Rocket Science.

Da kriegt einer seine Aufgabe nicht geregelt und ein anderer Mensch, vielleicht sein Chef, kommentiert sein Versagen: »Mein Gott, so schwierig ist das doch nicht!« oder »Das ist doch keine höhere Mathematik!« So könnte die Feststellung lauten, aber warum sagt der kritische Mitmensch: »Das ist doch keine Rocket Science!« Die englische Raketenwissenschaft am Schluss des Satzes hat eine wichtige Funktion: Sie zwingt die Zuhörer zu der Feststellung: Boah, der kann ja Englisch! Der strotzt sozusagen vor Internationalität, der Mann hat die halbe Welt gesehen, der kann das beurteilen! So jedenfalls ist es vom Sprecher gedacht, nur funktioniert es nicht. Der kritisierte Versager denkt sich seinen Teil, nämlich: Was für ein exaltiertes Windei ist doch mein Chef! – Eine vergiftete Redewendung mit Knalldeppengarantie also.

Das macht Sinn.

Hier haben wir es mit einem versteckten Anglizismus zu tun – kein Wort Englisch, aber die Grammatik der Insel. *It makes sense* bedeutet ursprünglich so viel wie *Jetzt fällt es mir wie Schuppen von den Augen, jetzt wird mir alles klar!* und nicht etwa: *Es ist sinnvoll* oder *Das ergibt einen Sinn!*, wie es im Deutschen richtig heißen müsste. Dahinter steckt beim Redenden wieder einmal der Wunsch, sich mit einem weltmännischen Flair zu umgeben – eine mit wenig Sinn erfüllte Vorgehensweise. Solche Menschen sagen auch *brandneu (brandnew),* wenn sie eigentlich *nagelneu* sagen könnten.

Das spült Geld in die Kassen.

Gerade um finanzielle Belange und rund um das Geld häufen sich die ausgeleierten, aber bei Journalisten extrem beliebten Redewendungen. Eine davon ist *Geld in die Kassen spülen.* Nichts gegen eine bildhafte Sprache, aber welche Flüssigkeit spült da Münzen und Banknoten in welche Kassen? Ausgerechnet die schreibende Zunft sollte ihre Äußerungen besser durchdenken. Wenn nicht, entstehen unglaublich kuriose Bilder, denn in der politischen Berichterstattung wird ständig gespült, aber auch gerudert: *Der Bundesinnenminister musste nach Kritik aus dem Bundestag zurückrudern*? Wie hat er das gemacht? Verließ er das Reichstagsgebäude, rannte, so schnell er konnte, über den Friedrich-Ebert-Platz hinunter zum Spreeufer, sprang dort in ein Boot und ruderte ein paar Schläge rückwärts? Oder: *Die Städte des Ruhrgebiets suchen händeringend nach neuen Mitarbeitern.* Ach, das ist mir bisher noch gar nicht aufgefallen: Haben Städte Hände? Außerdem müssen Politiker ständig *vor die Presse treten* – vor welche Presse eigentlich – Müll-, Zitronen-, Druckerpresse? – Tut das nicht weh?

Das wird sportlich.

Diese Redewendung kündigt außergewöhnliche Belastungen an – *sportlich* bedeutet in diesem Zusammenhang *anstrengend, kräftezehrend* oder auch *aufregend,* ja sogar *gefährlich.* Es kommt ganz auf die Situation an, immer ist die Redewendung ein ironischer Kommentar zum Geschehen:

Die Touristen sind auf unbekanntem Terrain unterwegs, plötzlich ist Schluss mit der gepflasterten Straße, riesige Schlaglöcher tun sich auf: »*Jetzt wird es sportlich*!«

Zwei Männer streiten sich lautstark in einer Kneipe, schließlich schlägt der eine von ihnen dem anderen auf die Nase: »*Jetzt wird es sportlich*!«

Zwei Trekking-Touristen wandern um den Krater, plötzlich bricht der Vulkan aus: »*Jetzt wird es sportlich*!«

Und wenn das Kind in den Brunnen gefallen bzw. der SUV in den Teich im Stadtpark gefahren ist, sagt man: Macht nichts, *das nehme ich sportlich* … Also locker.

eine Operation am offenen Herzen

Die chirurgische Medizin entwickelte sich im Laufe des letzten Jahrhunderts immer weiter und mit der ersten Herztransplantation 1967 durch Christiaan Barnard im südafrikanischen Kapstadt überschritt die chirurgische Kunst eine weitere Schwelle. Im Zusammenhang mit dieser gewagten Operation entwickelten sich Techniken, mit deren Hilfe man sogar das schlagende Herz im offenen Brustkorb behandeln kann. Ein großes Risiko ist mit so einem Einsatz immer noch verbunden – und genau dieses Risiko benennt die obige Redensart. Sie kommt allerdings in Bereichen, die mit Medizin nur wenig zu tun haben, zur Anwendung. Eine gewagte Börsentransaktion, die Reparatur einer Maschine im laufenden Betrieb, aber auch der Austausch eines wichtigen führenden Mitarbeiters in einem Konzern können so benannt werden. Gemeint ist: Etwas ist gewagt, hochriskant und erfordert größte Sachkenntnis.

Ich hab' das mal angedacht.

Wer Intellekt vortäuschen möchte oder muss, redet entsprechend geschwollen, besonders dann, wenn es um das Denken geht. Bestimmte Redewendungen unterstreichen die zerebrale Kompetenz des Sprechers. Wer den Denkvorgang in seinem Gehirn als komplexen Ablauf darstellen möchte, unterteilt ihn in mehrere Phasen und die erste ist eben das *Andenken.* Jemand hat sich mit einem Gedanken – provisorisch und an der Oberfläche – befasst, die Sache aber noch nicht *zu Ende gedacht.* Das Verb *andenken* ist zum Beispiel in der Politik eines der wichtigsten Worte, weil viel *angedacht* wird, aber so gut wie nie zu Ende. Wer nicht andenken mag, sollte seine geistige Leistung nicht etwa in einem Andenken-Shop verkaufen, sondern stattdessen lieber *über etwas nachdenken* oder *überlegen* – nicht umsonst sagt man: *Überlegen macht überlegen.*

Ich kann so nicht arbeiten.

Diese Worte stammen aus etlichen Spielfilmen, die die Branche selbst zum Thema haben. Bei Dreharbeiten wird der Regisseur durch irgendetwas – zum Beispiel durch eine durchgeknallte Hauptdarstellerin – aus dem Konzept gebracht und sagt, unterstützt von exaltierten Gesten mit theatralischer Stimme diesen Satz. So manches Mal wirft er dann noch irgendetwas zurück nach hinten – seine wilde Mähne oder einen weißen Schal. Die Floskel dürfte aus den realen Erfahrungen bei Dreharbeiten stammen, scharf beobachtende Drehbuchautoren transportierten sie über ihre Drehbücher in die Welt der Fiktion und von dort aus kehrt sie wieder zurück in die Wirklichkeit. »Ich kann so nicht arbeiten!«, sagt man in einer Art Mini-Rollenspiel, wenn man seinen Mitmenschen auf lustige und verbindliche Weise mitteilen möchte, dass die Arbeitssituation nicht ganz optimal ist …

Nennen Sie mir mal eine Hausnummer.

Nein, es geht nicht wirklich um eine Hausnummer, sondern ganz einfach um eine ungefähre Zahl oder eine grobe Schätzung. Oder darum, eine allzu klare Aussage über Pekuniäres zu vermeiden – über Geld spricht man nicht. Besonders beliebt ist die Redewendung bei finanziellen Verhandlungen, zum Beispiel in einem Bewerbungsgespräch: *Was erwarten Sie denn an Gehalt, nennen Sie mir mal eine Hausnummer!* Oder der eine Unternehmer prahlt mit den Umsatzzahlen seiner Firma und sein Konkurrent lobt pflichtschuldigst: *Mann, das ist aber mal eine Hausnummer!* Aufgekommen ist die Redewendung irgendwann irgendwo im 20. Jahrhundert und sie hat nicht nur die Jahrtausendwende überlebt, sondern kam zu neuer Blüte.

Schreiben Sie mir am besten noch ne Mail dazu.

Seit es die Möglichkeit gibt, wird dieser Kommunikationsweg häufig als Ausrede benutzt: Der obige Satz stellt den oft Ärger vermeidenden Ausgang eines vorangegangenen Projekt- oder Krisengesprächs dar. Wenn Sie ihn hören, können Sie sicher sein: Sie haben in der letzten Viertelstunde in den Wind geredet, Ihr Gegenüber hat Ihnen entweder nicht zugehört oder nichts begriffen. Keine Illusionen, auch Ihre Mail, sollten Sie eine schreiben, wird vermutlich irgendwo im digitalen Nirwana verschwinden. »Mail? Habe ich nicht bekommen! Muss wohl im Spam-Ordner gelandet sein. Am besten, Sie schicken mir noch mal ne Mail!«

Wir haben das Go.

Auch hier der Versuch, sich mit Denglish quasi international aufzuwerten. Ein einfaches »Wir können loslegen!« oder »Wir haben die Zusage!« würde es genauso tun.

Wir müssen Geld in die Hand nehmen.

Schiefes Bild und typisches Journalistendeutsch: Für ein Vorhaben wird Geld bereitgestellt, mit dem alles andere, aber eines *nicht* geschieht: Man nimmt es nicht in die Hand! Heute transferiert man größere Beträge doch eher bargeldlos.

Nein, erfunden haben die Journalisten die Formulierung nicht; was die Herkunft dieser Redewendung angeht, gibt es mehrere Vermutungen. Gottfried Kellers Mitte des 19. Jahrhunderts erschienener Bildungsroman »Der grüne Heinrich« gilt als eine Quelle. Wortwörtlich zitiert heißt es dort – über den Gebrauch von Unterwäsche (!): »Denn bedenke, dass du von nun an für jedes Fetzchen, das dir abgeht, *bares Geld in die Hand nehmen musst* und es doch nicht so gut bekömmst als ich es verfertigt habe.«

Das allerdings war nicht der Durchbruch für die Redewendung – sie fand nicht einmal den Weg aus dem Roman heraus. Das ganze 20. Jahrhundert lang gaben Menschen Geld aus, berappten, bezahlten, blätterten Scheine hin und entrichteten Gebühren. Sie löhnten und zahlten, aber niemand nahm – im übertragenen Sinn – Geld in die Hand. Erst um die Jahrtausendwende ging es los: 1999 benutzten die Grünen die Redewendung in einem Antrag, von da an ging es Schlag auf Schlag: In Berichten über Politik und Wirtschaft, über Erträge und finanzielle Missstände wurde Geld in die Hand genommen und das, obwohl längst alles bargeldlos über die Konten abgewickelt wurde. So schief kann Sprache sein. Letztlich ist die Redewendung ein Relikt aus der Zeit, als man Geldstücke und Scheine noch in die Tasche stecken und eine Stange Geld in Form gerollter Münzen greifen und es tatsächlich aus dem Fenster werfen konnte.

Tierisches

angeben wie eine Tüte Mücken

Die seit den 1990er-Jahren gebräuchliche Redewendung ist vermutlich eine Neubildung. Der Hintergrund für das sprachliche Bild ist wahrscheinlich Folgender: Vielleicht steckt noch eine kindliche Sichtweise der Welt darin, eine Tüte, gefüllt mit irgendetwas, für etwas besonders Gutes zu halten. Eine Tüte voller Bonbons ist sicher eine großartige Sache, aber in der Tüte in dieser Redewendung sind keine Süßigkeiten, sondern etwas Ungeliebtes und Überflüssiges – fiese Stechmücken. Wer mit einer solchen Tüte voller Insekten angibt, kann noch nicht einmal das Gewicht des Inhalts dieser Tüte auf die Waagschale werfen. Wie viele Mücken auch in der Tüte sein mögen, sie bringen so gut wie nichts auf die Waage und kein Mensch kann sie für irgendetwas brauchen. Nur ein Schwachkopf käme auf die Idee, damit anzugeben. Wer die Tüte öffnet, ist noch dümmer.

Aus die Maus!

Schluss im Bus! Ende im Gelände! Es gibt zahlreiche gereimte Redewendungen, um das endgültige Ende einer Sache oder einer Aktion festzustellen. Bei *Aus die Maus!* handelt es sich um die Schlussworte der »Sendung mit der Maus«, eines beliebten Kinderprogramms, die den Weg in die allgemeine Umgangssprache gefunden haben – sagen die einen. Andere Sprachforscher sehen den Zusammenhang zur Mäuseplage vergangener Jahrzehnte und deren Bekämpfung mit Katze,

Gift und Falle. In dieser Interpretation steht *Aus die Maus!* dann als eine Erfolgsmeldung, wenn die verhassten Schädlinge das Zeitliche gesegnet haben. Wir glauben eher an Version 1: Die magischen Schlussworte aus der »Sendung mit der Maus« sind zum *rien ne va plus* der Umgangssprache geworden, werden aber nicht nur gegenüber Kindern verwendet, sondern dienen als allgemeine und entschiedene Ansage, wenn etwas – eine Handlung oder eine Diskussion – beendet ist oder beendet werden soll. *Polizeistunde, die Bar macht dicht, aus die Maus!* Sogar in Todesanzeigen oder auf Grabsteinen findet sich: *Aus die Maus!*

Das ist auch nicht das Gelbe vom Ei.

Der Bildungsbürger sagt es in anderen, gewählten Worten: *Das ist noch nicht der Weisheit letzter Schluss!* Der einfache Bürger oder Bauer verstieg sich nicht in so eine abstrakte Genitivkonstruktion, sondern sagte es lebensnah und aus der alltäglichen Erfahrung heraus begründet: *Das ist nicht das Gelbe vom Ei!* Gemeint ist, dass ein Gegenstand oder eine Tätigkeit noch nicht die Qualität erreicht hat, die man sich wünschen würde. Schließlich ist das Gelbe vom Ei das Beste daran – man denke nur an ein Spiegelei oder ein perfekt gekochtes Frühstücksei, bei denen der Dotter nicht zu flüssig, aber auch nicht zu hart gelungen ist. Vermutlich benutzt man diese Redewendung, seit es Eier gibt, also schon sehr lange. Richtig wieder in Mode kam sie in den 1960er-Jahren, dort findet sich auch eine erste gedruckte Quelle neuerer Zeit: »Nur so mit Korkenzieher, Büchsenöffner und einer Handvoll Knallerbsen ist das noch nicht das Gelbe vom Ei!« – ein Satz auf Seite 59 in Hans-Jürgen Wiehes »Selbst ist der Held – Denkwürdiger und höchst fabelhafter Report vom heroischen Leben und Lieben des Gefreiten Lanitz«, erschienen 1966.

Das Leben ist kein Ponyhof.

Die Aussage hinter dieser neuen Redewendung ist simpel: Das Leben ist nicht immer einfach. Bis sich der Ponyhof in die Redewendung drängte, erfüllten das Wunschkonzert oder der Rosengarten dessen Aufgabe. Die Variante *Das Leben ist kein Zuckerschlecken* wurde Opfer des Zeitgeistes; vermutlich erfüllte der Begriff Zuckerschlecken im Laufe der Jahre seinen Zweck als positive Tätigkeit in einem Schlaraffenland nicht mehr. Denn wer will in diesen kalorienarmen Zeiten noch Zucker schlecken und fühlt sich womöglich auch noch gut dabei? Auch das Honigschlecken ist betroffen – man weiß ja: viel zu viel Zucker im Honig. Ganz anders der Ponyhof: ländliches Idyll, Bauernhäuser im Fachwerkstil, niedliche Pferdchen mit bunten Schleifen in den perfekt gestylten Haaren in Interaktion mit Lolitas mit einem Lächeln im Gesicht, als hätten sie kräftig von Mutters Antidepressivum genascht. Kurz: die perfekte Gegenvorstellung zur eiskalten Wirklichkeit, deren Durchschnittstemperatur beim Gebrauch dieser Redewendung noch um ein paar Grad Celsius nach unten sackt ... Und wem verdanken wir diese wunderbare wirkmächtige Redewendung? Es könnte die deutsche Punkband »Die Schröders« aus Bad Gandersheim gewesen sein. Die Band veröffentlichte 2001 ihr fünftes Album unter dem Titel »Das Leben ist kein Ponyhof«, was allerdings die eigentliche Urheberschaft nicht klärt, denn wer weiß, wo in der Punk-Szene jener Tage sie diesen Satz aufgeschnappt haben.

die Sau rauslassen

Mit der Schweinezucht hat diese neue Redewendung nur am Rande zu tun, und ganz neu ist sie auch nicht. Jemand, der die Sau rauslassen will, möchte mal wieder zügellos feiern, anders gesagt, es ordentlich krachen lassen oder sich hemmungslos ausleben. Ob Party oder Kneipentour – ist vielleicht die eigene Sau, der innere Schweinehund gemeint? Ganz klar ist das nicht, Deutungen gibt es viele, und keine trifft den Nagel so richtig auf den Kopf. Oder doch?

Ein mittelalterliches Kartenspiel namens *Daus* könnte dahinterstecken, in dem der oder das Daus – auch *Sau* genannt – die Karte mit dem höchsten Wert war. Ob allerdings dieser Zusammenhang Jahrhunderte überdauern konnte, ist fraglich. Ebenso wie die Theorie, dass betrunkene Studenten auf dem Heimweg den Bauern die Schweine aus den Ställen jagten, also nicht nur die Sau, sondern auch den Eber rausließen. Allzu verbreitet war diese Sitte aber wohl nicht, denn sonst wäre es den Herren Studenten wohl ziemlich übel ergangen. Ställe spielen vermutlich schon eine Rolle in dieser Angelegenheit: Da in den kleinen Häusern mittelalterlicher Tage nicht allzu viel Platz zur Verfügung stand, musste man eine Lösung finden, wenn man eine größere Feier organisieren wollte. Dann mussten die Schweine – und vermutlich auch die Kühe und Ziegen – raus aus dem Stall, damit die Menschen besser feiern konnten. Man ließ also die Sau raus. Das könnte passen.

für kleine Königstiger müssen

Man muss leider sagen, dass es sich hierbei um einen ausgeleierten Sprachscherz handelt. Witz komm raus, du bist umzingelt! Die Redewendung wird dann benutzt, wenn sich jemand dorthin bewegt, wohin der Kaiser zu Fuß geht, nämlich: aufs Klo. Früher musste man(n) *für kleine Jungs*, ein Ausdruck, der heute einen leicht pädophilen Nebenklang hat: kleine Jungs auf dem Klo ...

Wo die Sache mit dem kleinen Königstiger herkommt? Tony Curtis alias Danny Wild soll den Spruch in der Fernsehserie »Die 2« (mit Partner Roger Moore) gebracht haben, die in den 1970er-Jahren in Deutschland ausgestrahlt wurde. Außerdem fand die Redewendung den Weg in die deutsche Fassung der US-Filmkomödie »Car Wash« aus dem Jahr 1976. Auch in der deutschen Übersetzung des Spielfilms »Kuffs – ein Kerl zum Schießen« von 1992 wurde der Königstiger verwendet.

Wenn Sie allerdings diese Redewendung für besonders unangebracht und schlimm halten, werfen Sie doch einmal einen Blick auf diese furchtbare Sammlung von (zum Teil rassistischen) Klo-Synonymen:

> abstuhlen • abwursten • Ali Baba und die 40 braunen Räuber • äpfeln • Arschgeburt • Biowaffe klarmachen • den Bob in die Bahn setzen • die Bombe fallen lassen • braune Bengels schubsen • die braune Seele baumeln lassen • braunes Gold ablassen • das goldene Ende der Nahrungskette verabschieden • das Porzellan bräunen • das Weiße Haus bombardieren • dem Johnny ein Snickers schenken • der Keramik zeigen, wer der Boss ist • den Asamoha auswechseln • den Darmdackel Gassi führen • den Hot-Dog wegdonnern • die Schokoladenfabrik besuchen • die Boa durch den Schacht jagen • die Keramik sprengen • die Rosette dehnen • Duplo in die Bobbahn setzen • ein Gürteltier rausdrücken • eine Brezel backen • einen Gruß an die Stadtwerke senden • das Fax aus Darmstadt senden • in die Hose ballern • ins Keramikstudio gehen • eine Tasse Nougat schleudern • Obama ins Weiße Haus schicken ...

geht ab wie Schmidts Katze

Hat diese Redewendung etwas mit dem Comedian Ralf Schmitz und seiner Katze zu tun? Wohl eher nicht, denn der Name Schmidt oder Schmitz entstand im Laufe der Jahrhunderte aus der Berufsbezeichnung *Schmied*. Da es in einer Schmiede wie überall in mittelalterlichen Häusern auch Mäuse in beträchtlicher Anzahl gab, gehörte eine Katze obligatorisch zur Schmiedewerkstatt. Die kannte die Gepflogenheiten in der Schmiede recht gut und wusste, wann sie fehl am Platze war. Zum Beispiel dann, wenn Pferde in die Schmiede kamen und die Gefahr bestand, von einem Huf getroffen zu werden, oder wenn der Schmied heißes Eisen bearbeitete, die Funken flogen und der Pelz der Katze in Gefahr war. Dann machte sich das schlaue Haustier schnell wie der Blitz aus dem Staub – und überlebte in einer Redewendung, über deren Alter Unklarheit herrscht.

Hier steppt der Bär.

Ist diese Redensart wirklich uralt? In unterschiedlichen Quellen wird der Ursprung der Redewendung bis ins Mittelalter zurückverfolgt. Die dressierten Bären auf den Jahrmärkten früherer Zeiten waren für die Besucher eine großartige Unterhaltung, und die simplen Gemüter jener Tage johlten und freuten sich, wenn der Bär tanzte. Dass das arme Tier den Großteil seines Lebens unter unsäglichen Zuständen in einem engen Käfig verbrachte, kümmerte niemanden. Später wurde diese Quälerei glücklicherweise verboten.

Die Verbindung zwischen dem Tanzbären im Mittelalter und dieser neueren Redewendung ist nicht unbedingt eine präzise, denn der Stepptanz wurde erst im 19. Jahrhundert in den USA entwickelt. Typisch für den *tap dance* sind Metallplatten unter den Schuhen der Tänzer, die zu tragen oder zu benutzen für einen Bären ein Ding der Unmöglichkeit gewesen sein dürfte. Eines ist sicher: Kein Bär hat je gesteppt. Die Redewendung ist nur von der menschlichen Fantasie beflügelt, die sich vorstellt: Mensch, wäre das geil, wenn ein richtiger Bär wie Fred Astaire steppen könnte! Eine schöne Vorstellung, kommen doch animalisch-wilde und kuschelig-putzige Komponenten darin zusammen – der Teddybär als Partylöwe. Der Kern der Aussage: Wo der Bär steppt, ist richtig was los.

keinen Hering (mehr) vom Teller ziehen

Wer hier interpretatorischen Zuspruch bei der jiddischen Sprache sucht, weil *Es zieht wie Hechtsuppe!* so wunderbar mit *hech supa* = starker Wind zu erklären ist, wird keinen analogen Lösungsansatz finden. Der Fisch in dieser Redewendung ist er selbst, es gibt keine Verbindungen in exotische sprachliche Regionen. Bei der Redewendung geht es um Kraft, und zwar um zu wenig Kraft: Wer nicht in der Lage ist, einen kleinen, womöglich auch noch glitschigen Hering vom Geschirr zu zerren, muss schon als ausgesprochen kraftlos bezeichnet werden. Besonders häufig kommt die Redewendung im Reich der motorisierten Männlichkeit zur Anwendung: Motorräder, Roller oder Automobile mit zu geringer Kilowatt- bzw. PS-Ausstattung schaffen es redensartlich nicht, *Clupea harengus*, den Atlantischen Hering, von einem Ort zum anderen zu bewegen – obwohl das eigentlich nie die Aufgabe eines Kraftfahrzeugs war. Aber so sind Redensarten nun einmal: bunt, kraftvoll, voller Leben, aber manchmal passen sie wie die Faust aufs Auge. Ach ja: Hin und wieder wird der Hering durch eine Wurst ersetzt …

mit den Flügeln nach der Ente schmeißen

Endlich einmal eine Redewendung, die perfekt an eine Person gebunden ist! Es war Modedesigner Wolfgang Joop, der als Juror in »Germany's Next Topmodel« unter den Augen von Heidi Klum nicht nur geistdurchdunkelte Kommentare von sich gab (»Es sind so viele hier, dass es beinahe so ist, als wäre man allein«), sondern auch die wunderbare obige Redewendung prägte. Die Herkunft ist also eindeutig – umso unklarer ist, was sie eigentlich heißen soll. Ist *mit der Wurst nach der Speckseite werfen* ein Synonym? Wir wissen es nicht.

nach dem Adlersuchsystem schreiben

Es hat schon etwas von Mobbing, wenn man sich über die Qualitäten eines Mitmenschen an der Tastatur mit diesen Worten lustig macht, indem man den Schreibenden mit einem Raubvogel vergleicht. Dreimal über der Tastatur kreisen, dann zustoßen. Als lustige Selbstkritik angewendet, macht diese Redewendung wiederum den Sprecher sympathisch. Faktum bleibt: Wer tippen kann, ist klar im Vorteil. Als Alternative wäre noch das *Schreiben nach dem Terroristensystem* zu nennen: pro Tag ein Anschlag. Oder vielleicht gleich besser die Spracheingabe.

sich einen Wolf laufen

Haare hat dieser Wolf nicht, auch keine vier Pfoten und er lebt nicht in Tundra, Feld, Wald und Wiese und auch nicht im Rudel. Diese ganz spezielle Art von Wolf, die in der Redensart gemeint ist, heißt auch *Intertrigo, intertriginöses Ekzem, Wundsein* oder – Aha! – *Hautwolf* – und ist eine wundrote, nässende Entzündung der Haut. Dennoch schwingt, wann immer diese Worte fallen, die schmerzhafte Gefährlichkeit des Raubtieres mit. Diesen Wolf kann also kein Jäger vertreiben, aber es gibt eine ganze Reihe von vorausschauenden Maßnahmen, die sein Revier eingrenzen. Trocken gehaltene Haut und fetthaltige Pflegemittel vertreiben das Biest.

sich einen Wolf quatschen

Nachdem nun bekannt ist, dass der hier gemeinte Wolf eher eine Bedrohung im übertragenen Sinne darstellt, dürfte jedem klar sein, dass durch exzessives Gerede keine Raubtiere der Gattung *Canis* (Wolfs- und Schakalartige) aus der Wildnis gelockt werden können. Wie man sich allerdings durch übertriebene sprachliche Kommunikation Hautirritationen zuziehen kann, versteht nur, wer solches schon einmal geschafft hat, also Menschen – Quasselstrippen und Waschweiber –, die sich schon einmal *den Mund fusselig geredet* haben – eine andere bildhafte Redensart für denselben Vorgang, so selten er auch sein mag. Schäden durch ausgiebiges

Gequatsche nimmt vor allem das menschliche Nervensystem, weniger die körperliche Unversehrtheit.

Äußerst erfreulich

Alles gut.

Oft sind die Veränderungen nur klein, und dennoch erkennt man als aufmerksamer Zuhörer, mit welcher Zeit bestimmte Floskeln verbunden sind. Früher sagte man *Alles klar!* – immer dann, wenn man sein Gegenüber verstanden hatte oder wenn etwas – eine Sache oder ein Sachverhalt – in Ordnung war und kein Handlungsbedarf bestand. Fertig, Deckel drauf.

Alles gut! hingegen – in den 2020er-Jahren extrem beliebt – funktioniert als eine Art Beschwichtigungsformel in Situationen, die alles andere als gut sind. In einer Welt voller eingebildeter oder auch tatsächlicher Bedrohungen möchte der Sprecher den Eindruck erwecken, dass er keinesfalls die Kontrolle verlieren wird, sondern alles im Griff hat. Auch wenn es stürmt, brennt und die Erde bebt – der Mensch unserer Zeit hat ja alles, um die Lage in den Griff zu bekommen. Zu dick, vereinsamt, psychisch gestört, unglücklich, auf dem falschen Arbeitsplatz und medikamentenabhängig – macht nichts, *alles gut*. Irgendwie kriegen wir das schon wieder in den Griff, es gibt ja jede Menge Hilfsmittel, Unterstützung von vielen guten Menschen und Selbsthilfegruppen sowie Experten für Heilungen und Selbstoptimierungen vielfältiger Art. Wir schaffen das, *alles gut!*

Alles klar! ist eine echte Statusmeldung, auch wenn sie häufig von denen kommt, denen eigentlich nichts klar ist. Alles gut hingegen stellt nichts fest, sondern lullt ein.

Bingo

Der Ausruf der Freude, der zugleich den Mitmenschen mitteilt, dass etwas gelungen ist oder ganz genau passt, hat eine genau feststellbare sprachliche Quelle: Bingo ist der Name und zugleich der Ausruf des Erfolges in einem Lotteriespiel namens *Bingo*, das der Inhaber einer New-Yorker-Spielefirma, Edwin Lowe, im Jahre 1929 herausbrachte und bis zur jetzigen Form entwickelt hat. Der eigentliche Erfinder ist er vermutlich nicht; er hatte spanische Spieler auf einem Jahrmarkt in Atlanta beobachtet, die bei einer Art Lotterie die gezogenen Zahlen auf einer Spielkarte mit getrockneten Bohnen abdeckten und »Beano!« riefen, wenn sie gewonnen hatten. Im Eifer des Gefechts wurde »Bingo!« daraus, und das Spiel mit einer Spielkarte pro Person und vielen Zahlen wurde zu einem großen Erfolg in den USA, Großbritannien und auf den Philippinen, auch wenn nun statt Bohnen farbige Spielsteine Verwendung finden.

Ganz und gar unabhängig von diesem Spiel wird immer häufiger der Ausruf »Bingo!« zu hören sein, wenn etwas gelungen ist, wenn ein Erfolg zu feiern ist. Dann rufen auch Menschen »Bingo!«, die von Edwin Lowe und seinem Spiel noch nie etwas gehört haben, geschweige denn, es gespielt haben.

Da könnt' ich mich reinlegen.

Warum jemand so intensiven Kontakt mit einem Nahrungsmittel sucht, ist schwer zu erklären, aber in etwas hineinlegen wollen sich Menschen immer dann, wenn sie es appetitlich und delikat schmackhaft finden oder für einen lukullischen Genuss halten. Möglicherweise deshalb, weil sie dann über die Quelle ihres Genusses in uneingeschränkter Menge verfügen können. Die Redewendung kommt Menschen besonders dann über die Lippen, wenn es sich um flüssige oder breiförmige Lebensmittel handelt; Knuspermüsli oder Kartoffelchips rufen diesen Wunsch nicht so oft hervor – das würde kratzen ...

ganz großes Kino

Hier geht es um einen Sachverhalt, den man auf unglaublich viele Arten und Weisen in Sprache umsetzen kann: Etwas ist großartig oder ausgezeichnet, beispiellos, herausragend, einzigartig, erstklassig, fabelhaft oder sogar fantastisch. Das alles steckt in diesen drei Worten ganz großes Kino; sind dies doch die Eigenschaften, die ein gutes Werk der Kinematografie aufweist. Neben der Qualität des Produktes schwingt auch noch die Atmosphäre mit, das gedämpfte Licht im Kinosaal, rote Vorhänge, gespannte Erwartung, der sich öffnende Vorhang, das atemberaubende Leinwandwerk, das die Zuschauer völlig gefangen nimmt. Ganz großes Kino! Zuallererst wird diese Floskel auch wohl dort gefallen sein – im Kinosaal. Im übertragenden Sinn genutzt, entfaltet die Redewendung vielfältige Facetten:

Manchmal ist sie eine Nummer zu groß: Der kleine Timo hat zum ersten Mal ins Töpfchen gemacht. *Ganz großes Kino!*

An anderer Stelle entfaltet sie Ironie: Der erste Ehestreit zwischen Jonas und Annika hat viele dramatische Momente, obwohl es eigentlich um Nichtigkeiten (Müll runterbringen) geht. – *Ganz großes Kino* eben.

Und die Floskel kann sogar boshaft sein: Hast du gesehen, wie der Hirnmoser dem Chef hinten rein ... *Ganz großes Kino!*

Holla, die Waldfee.

Alle Deutungsversuche mit Holunder und Frau Holle wirken ziemlich aufgesetzt. Hier liegt der Verdacht nahe, dass es sich um puren Nonsens handelt. Ein weiteres Beispiel auch dieser Kategorie ist der weniger weit verbreitete Ausspruch »Zack-zack, ein Huhn, zwei Gänse«. Hierbei handelt es sich um höheren Blödsinn, der sich eine Zeit lang geradezu infektiös verbreitete, über dessen Quelle aber kaum etwas herauszufinden ist. Die Floskel wird als Aufforderung zu Aktion oder Eile benutzt und funktioniert in dieser Hinsicht auch recht gut. Vielleicht stammt sie vom Hühnerhof? Wir wissen es nicht.

Ich bin gut drauf.

Spaßkultur, Party machen und »cool, fit und gut drauf sein«! Das wird laut Tagesspiegel vom 26. April 2001 von jungen Menschen in Deutschland erwartet. Da ist sie wieder, die Drogensprache, obwohl sie mittlerweile niemand mehr so richtig wahrnimmt. Je nachdem, wie der Konsument die Droge verträgt und welche Wirkungen sie in seinem Körper und seinem Gehirn entfaltet, so ist er entweder *gut drauf* oder *schlecht drauf.* Derselbe Ausdruck *drauf sein* kann allerdings auch bedeuten, dass jemand von einer Droge abhängig ist – dann ist er natürlich nicht *gut drauf*, sondern einfach nur *drauf.*

Ist das abgespaced.

Das Weltall, englisch *space,* steht in dieser Formulierung für eine Wirklichkeit jenseits irdischer Maßstäbe, für ein Verlassen der alltäglichen Realität. Wenn etwas *abgespaced* genannt wird, bewegt es sich in höheren Sphären, in einer rauschhaft-unwirklichen Wahrnehmungwelt. Diese Einschätzung nähert sich der Quelle dieses Begriffs, der sich Ende der 1980er-Jahre bzw. zu Beginn der 1990er-Jahre aus den Techno-Clubs in die alltägliche Sprache schlich.

Abgespaced ist immer positiv gemeint, es enthält eine Komponente von Bewunderung für einen Gegenstand oder eine Situation, die sich kaum noch steigern lässt. Im Gegensatz zu *abgedreht* schwingt keine kritische Komponente mit.

Äußerst unerfreulich

abtörnen

Während das Gegenstück *antörnen* zum Einsatz kommt, wenn eine Person oder eine Situation jemanden in Erregung versetzt oder in Stimmung bringt, bezeichnet *abtörnen* das genaue Gegenteil: Etwas oder jemand nimmt einem den Spaß, beendet eine durch erotische oder pharmazeutische Reize verursachte Euphorie. Das in den 1970er-Jahren aufgetauchte Verb *anturnen* kam aus der Welt der Hippies und ihrer Drogenszene, hatte mit dem englischen Verb *to turn, drehen,* zu tun und meinte ursprünglich *jemanden in einen Rausch versetzen.* Nicht nur die Schreibweise hat sich geändert – aus dem Englischen *to turn on,* das man auch mit *einschalten, anknipsen* übersetzen kann (»Turn your radio on!«), wurde das deutsche *antörnen* mit dem ausweiteten Sinn *jemanden anmachen, in Stimmung bringen.* Das denglische Verb und seine Variante *abtörnen* ging zu Lasten der *Spaßbremse* und ihrer Synonyme.

abzocken

So nagelneu es sich anhört, so alt ist der Hintergrund des Verbes *zocken.* Im 19. Jahrhundert wanderte das Wort aus dem Jiddischen (*zschocken*) über die deutsche Gaunersprache, das Rottwelsch (*zschokken*), langsam in den Berliner Alltag ein und fand von dort den Weg in die deutsche Umgangssprache. Bedeutung in allen Bereichen ist in etwa: *spielen, (sich mit etwas) unterhalten.* In anderen sprachlichen

Zusammenhängen, zum Beispiel in Siebenbürgen, wird *zocken* mit *rupfen (wie ein Huhn), schröpfen, jemandem Geld abnehmen* gedeutet. Die Vorsilbe *ab-* im heutigen Sprachgebrauch wirkt verstärkend, der Wortsinn ist um etliche Komponenten erweitert. Wer *zockt*, spielt um Geld oder (neuerdings) ein Game am Computer; wer sich *verzockt*, hat seine Chancen (zum Beispiel beim Glücksspiel) falsch kalkuliert und womöglich sein gesamtes Vermögen samt Haus und Hof *verzockt*. Ohnehin haben die Baufirmen den Bauherrn bei der Berechnung ihrer Leistungen ganz schön *abgezockt*, das heißt, finanziell übers Ohr gehauen. Einem *abgezockten Typen* wie einem Makler, Vermieter oder Bankier wäre so etwas nicht passiert. So vielfältig kann *zocken* zum Einsatz kommen.

am Arsch vorbei

Eindeutiger und klarer kann man wohl nicht aussagen, dass es einem an Interesse an einer Sache oder einem Sachverhalt mangelt. Erstaunlicherweise war der Arsch von der Bedeutung nicht immer so negativ belegt wie heute, bei der er übertragen gemeint nur noch als Beschimpfung oder Schimpfwort fungiert. Im heutigen gehobenen Sprachniveau vermeidet man es tunlichst, das menschliche Hinterteil so zu benennen, doch bis in Goethes Zeitalter zwischen 1750 und 1830 machte man sich nicht die Mühe, den Arsch mit niedlichen Wörtern wie *Popo* zu umschreiben, das von dem lateinischen *podex* abstammt. Deshalb funktionierte auch die obige Redewendung nicht – dem Arsch fehlte es damals sozusagen an negativem Karma. Heute klappt das ganz gut.

auf dem Schlauch stehen

Wer im übertragenen Sinn *auf dem Schlauch steht*, unterbricht den Fluss von Gedanken. Irgendwann hat jemand analog zu Erfahrungen im Garten und mit dem Gartenschlauch diese Redewendung entdeckt – vielleicht war es auch ein Feuerwehrmann, was allerdings wegen der Druckverhältnisse in Feuerwehrschläuchen unwahrscheinlicher ist. Das Bild, das in der Redewendung steckt, ist insofern besonders zutreffend, weil es eine Komponente von Staunen über die eigene Unfähigkeit enthält: Da blockiert jemand den Schlauch, schaut verwundert dessen trockene Austrittsöffnung an, während ein paar Dezimeter tiefer seine Füße den Schlauch zusammenquetschen und den Fluss des Wassers unterbinden. Bemitleidenswert!

Das geht ja mal gar nicht.

Eigentlich handelt es sich um einen ganz gewöhnlichen Satz, stünden da nicht zwei kleine Wörter, die eigentlich Füllsel sind. Ungeschminkt und alltäglich lautet der Satz: Das geht gar nicht! Das *ja mal* in der Mitte bläht den Satz auf, er spreizt sich vor dem Angesprochenen und stellt sich ihm fett in den Weg. Hat die einfache Form des Satzes eine gewisse Schärfe, denn sie ist eine klare Aussage und Anweisung, so macht die Erweiterung daraus eine Art sprachliche Kraftmeierei, bei der aber auch eine Portion Unsicherheit mitschwingt. Ein Vergleich aus der Tierwelt: Hunde, die bellen, beißen nicht.

Damit kannst du mich jagen.

Etwas geht mir gegen den Strich, verletzt mein Schamgefühl, ekelt mich an. Bevor ich mich darauf einlasse, mache ich mich lieber aus dem Staub. Wenn du mich also davonjagen willst ... Hierbei handelt es sich um eine noch junge Redewendung, quasi *in statu nascendi*, wie der Lateiner sagt, um eine Floskel im *Zustand des Entstehens*. Du findest Latein nicht besonders gut? Ach ja, *damit kann ich dich jagen*. Es gibt viel, was Menschen zum Gebrauch dieser Redewendung anregt: Cherry Cola, Helene Fischer, Veggieburger, Busreisen, Merkel-Reden, Wanderwochenenden, Dosenbier, künstliche Brüste, Hosenträger, Piercings usw. *ad infinitum ...*

Fail

Eine Redewendung ist das nicht, könnte man richtig konstatieren, aber ein sich in letzter Zeit auffallend häufig wiederholender Ausruf schon. Natürlich ist es wieder die

Jugendsprache, die dieses Wort aus dem Englischen in Facebook und Twitter (hier als Hashtag #fail) eingeschleppt hat, und als *epic fail* brachte es dieser *schlimme* oder *dramatische Fehler* (genau das bedeutet es nämlich) 2011 auf den zweiten Platz bei der Wahl zum Jugendwort des Jahres. Wenn etwas schiefgeht oder sogar grandios scheitert, mag der jugendliche Sprecher nicht gern in bestem Deutsch von einem Fehlschlag oder Schlag ins Wasser reden. Nein, hier geht es darum, auch noch dem größten Versagen eine Portion *Coolness* abzugewinnen.

Ich habe leider kein Foto für dich.

Dieser Satz aus »Germany's Next Topmodel« war in den Staffeln immer wieder zu hören. Er wurde mit maliziösem Lächeln und verallgemeinert in der Bedeutung »Leider habe ich keine gute Nachricht für dich!« gebraucht und mit einer guten Portion Pseudobetroffenheit vom Typ H.Klum vorgetragen.

voll old school

Aus dem Englischen übernommenes, neudeutsches Synonym für *alt, überkommen, altbacken,* allerdings mit einer guten Portion Nostalgie in der Aussage. Mit diesen Worten beschreibt man etwas, was auf sympathische Weise *so wie früher ist* oder in althergebrachter Weise gemacht wird. *Old school* hat mittlerweile bei den jüngeren Sprechern die Begriffe *vintage* und *retro* ausgebootet – *old school* ist alles, was vor dem eigenen Geburtstag angesiedelt werden muss. Die analoge deutsche Version eines nostalgischen Sachverhalts wie in dem Beispielsatz *Er war ein Gentleman alter Schule* wird leider nur noch selten genutzt.

Gefühle und so

aggromäßig drauf sein

Wie seltsam die Wege sind, die die Sprache nimmt. Umständlicher kann man es kaum sagen, dass jemand aggressiv ist. Das *drauf sein* hat natürlich wieder seinen Ursprung in der Drogensprache, jemand, der *drauf* ist, erlebt gerade einen Rauschzustand. Wie es der verhunzte Wortfetzen *aggro,* also ein Teil des Wortes *aggressiv* oder *Aggression*, in diese Formulierung geschafft hat, darüber lässt sich nur spekulieren. Vielleicht hatte jemand das richtige Adjektiv *aggressiv* noch nicht vollständig in seinen Wortschatz integriert und konnte es nur partiell nutzen. Dafür spricht auch die rettende Nachsilbe *-mäßig*, die *aggromäßig* zu fast so etwas wie ein Adjektiv werden lässt. Eine sprachliche Wendung, die unbedingt in die Rote Liste der ganz großen Sprachkatastrophen gehört, direkt neben *Unser Oppa ist den Rasen am mähen am dransein.*

auf den Nerven herumtrampeln

Die Nerven sind bei Redensarten ein beliebter Angriffspunkt. Man kann jemanden *auf die Nerven gehen,* und das auch gleich gewaltig oder aber – noch gesteigert – *man fällt ihm auf die Nerven* und schließlich Eskalationsstufe Drei: *das Herumtrampeln auf den Nerven* – gemeint ist die besonders rücksichtslose Art und Weise, jemanden zu belästigen, ja, bewusst zu terrorisieren. Das Trampeln (nicht *Trumpeln)* ist die zerstörerische Nutzung der eigenen Füße, es variiert zwischen ausdauernden Laufbewegungen, gezieltem Treten und wuchtigem Aufstampfen; es ist eine körpersprachliche Aussage, die bösartige Geringschätzung durch den Trampelnden darstellen soll – der Getretene wird zum Fußabtreter gemacht. Mit zu den empfindlichsten Stellen des Körpers gehören die Nerven, die zu allem Überfluss als Ziel der Trampelei gewählt werden. Keine schöne Geste!

auf der gleichen Wellenlänge sein

Das Wort *Wellenlänge* zeigt klar und deutlich an: Aus dem 19. Jahrhundert oder der Zeit davor stammt diese Redewendung nicht. Sie bezeichnet den übereinstimmenden Gleichklang der Ansichten, Gefühle oder gar der Seelen und stammt aus einem Bereich, in dem es ohne diesen Gleichklang nicht geht: dem Funkverkehr. Sender und Empfänger müssen an ihren Geräten dieselbe Wellenlänge wählen, wenn ihre Kommunikation Erfolg haben soll. Der Gleichklang der Schwingungen fördert nicht nur das Verständnis, sondern kann – auf hoher See oder im Flugverkehr – sogar Leben retten. Bis etwa 1930 gab es Funkstationen nur in ortsfester Form, mit der Einführung mobiler Geräte wird sich auch die Redewendung langsam weiterverbreitet haben.

auf etwas abfahren

In den späten 1960er- und 1970er-Jahren bereicherte eine Neuentdeckung des Zeitgeistes unsere Sprache: Drogen. In Verbindung mit Rauschgift bildete sich eine neuartige Kommunikation heraus, die zuerst nur für einen kleinen abgeschlossenen Kreis – den der Drogenkonsumenten – verständlich war, aber immer mehr an Breite gewann und schließlich den Rahmen ihres Ursprungs sprengte. Es begann mit Ausdrücken wie *auf Droge sein*, wurde um Zustandsbeschreibungen erweitert – *Ich bin dermaßen high!* – und um Qualitätsangaben vervollständigt: *Auf schwarzen Afghan fahr ich voll ab!* Drogen sind es heutzutage nicht mehr ausschließlich – der gut betuchte Konsument fährt auf Produkte der Marke Apple ab, der Krimi-Fan auf alle »Tatort«-Folgen. Glücklicherweise hat sich der Konsum von Drogen nicht ähnlich rapide ausgebreitet wie der Gebrauch ihrer Sprache ...

Chill mal.

to chill bedeutet im Englischen *kühlen, etwas abkühlen*, zum Beispiel im Kühlschrank; im amerikanischen Slang kommt die andere Bedeutungsebene hinzu: *sich beruhigen, sich entspannen, untätig herumhängen, abhängen*. Die deutsche Jugendsprache kennt zahlreiche, nahe verwandte Varianten. *Chill mal!* als Aufforderung an eine einzelne Person gerichtet, bedeutet in etwa so viel wie: *Entspann dich mal! Reg dich ab!* Die Lizenz zum Abhängen besitzt, wer seine Mitmenschen mit der Redewendung anspricht: *Lass ma' chillen*!

Wie andere, auf herkömmliche Weise gewachsene Worte der deutschen Sprache, umgibt mittlerweile auch das Verb *chillen* eine Wortfamilie, zu der zum Beispiel die Adjektive *chillig* und *gechillt* gehören wie auch der aktiv die Tätigkeit (oder Untätigkeit) ausübende *Chiller*, der in der *Chill-Out-Zone* des örtlichen Clubs zu finden ist. *Chillen* besitzt übrigens ausgesprochen aggressives Potenzial, was die Rechtschreibung betrifft – selbst im Gymnasium kann es mittlerweile vorkommen, dass in schriftlichen Arbeiten als Autor von »Wilhelm Tell« ein Mensch namens Friedrich Chiller angegeben wird.

die Batterien neu aufladen

Zu den älteren Redewendungen kann diese schon deshalb nicht gehören, weil es Batterien im Alltagsleben erst seit wenigen Jahrzehnten gibt. Seltsamerweise benutzt dieses technische Bild ausgerechnet die Öko- und Psychoszene – man könnte ja auch davon reden, dass jemand *die inneren Energien erneuern* muss oder von einer *Erholung der Seele* sprechen. Nein, der Mensch hängt sich an ein sprichwörtliches Ladegerät und tankt Energie, die er in einem Akku speichert, den es rein anatomisch in seinem Leib gar nicht gibt. Oder verfügen Sie über einen Lithium-Ionen-Akku in ihrem Astralkörper? So unsinnig, aber zugleich treffend, können Redensarten sein.

die Chemie stimmt

Diese Redewendung soll ein Produkt der Studentenbewegung der 1960er-Jahre sein. Zunächst soll sie nur innerhalb studentischer Kreise genutzt und später in die metaphorische Sprache des linken Journalismus eingegangen sein. Dahinter steht die Annahme, dass sich zwischenmenschliche Beziehungen ähnlich wie bestimmte chemische Substanzen verhalten, dass sich Menschen wie Wasser und Öl einer engen Vermischung widersetzen, andere wiederum ein Verhalten wie Substanzen zeigen, die sich vermischen oder sogar verbinden können. Verhaltensforscher bestätigen diese Vorstellung auf einer feinstofflichen Ebene: Menschen, die *sich riechen können*, sind sich in ihrer Wesensart ähnlich und fühlen sich zueinander hingezogen.

geflasht sein

Ob dieses Wörterpaar aus der Jugendsprache die gleiche beeindruckende Karriere machen wird wie zum Beispiel *cool* oder *geil*, ist fraglich, aber kraftvolle Formulierungen prägen sich immer gut ein. Seine Steigerung *dick geflasht* bedeutet in etwa *überwältigend, grandios, fantastisch*. Ihre aus bürgerlichen Kreisen stammenden Mitmenschen werden mit

Sicherheit *geflasht* sein, wenn Sie erklären, nach dem Grillabend bei Susanne und Heinzi seien Sie *dick geflasht* oder auch *total geflasht* nach Hause gefahren. Und kulturell interessierte Kreise werden quasi den Brecht'schen Verfremdungseffekt verspüren, wenn Sie über die letzte Aufführung von Mozarts »Così fan tutte« am Züricher Opernhaus sagen, die Sopranstimme der Fiordiligi habe Sie *dick geflasht*.

im Flow sein

Da fließt, rinnt und strömt es durch ein Gehirn – und das nennt man *Flow*. Den Begriff *Flow* (engl. flow = fließen) verdanken wir dem Psychologen Mihály Csíkszentmihályi, der diesen Zustand erstmals 1975 beschrieb: als selbstvergessen, ohne Zeitgefühl, stress- und angstfrei und dabei produktiv und kreativ, im genau richtigen Maß belastet, aber nicht überfordert. Csíkszentmihályi verfasste zahlreiche Bücher zu diesem Thema. Der Flow machte sich allerdings selbstständig, sickerte in die Umgangssprache ein, verlor seine genaue Definition und verkam zu einer Umschreibung für das denglische Wellness-Gefühl: die Dosis belangloses und alles andere als produktives Wohlfühlen am Wochenende.

Lol

Aus einer Abkürzung kann ein Wort werden: Ursprünglich war *lol* in Computerforen die Abkürzung für *laughing out loud,* und weil man nicht l-o-l buchstabieren muss, sondern es stimmhaft aussprechen kann, wurde es zum Kurzsynonym für *Lachen,* mit dem man umgeht wie mit einem richtigen Wort. Andere Abkürzungen schafften es nicht, *brb* (*be right back*) zum Beispiel ist einfach zu sperrig. Aber auch *asap* (*as soon as possible*) und *Yolo* (*You only live once*) schafften die Konversion in die Welt der Wörter. Schon lustig, oder? *Lol*!

so einen Hals kriegen

Es ist in der Tat so: Mit zunehmender Wut schwellen – mit individuellen Unterschieden in der Stärke – die Adern im Halsbereich an. Manche Leute *kriegen tatsächlich sooo einen Hals.* Da die Schwellung am Hals aus der Entfernung nicht besonders gut zu erkennen ist, demonstriert der wütende Mensch die Dimensionen der Schwellung mit entsprechender Geste seiner Hände. *Sooo einen Hals kriegen* die Menschen aber nicht erst seit gestern. Denn der – in diesem Fall gerötete – Hals ist schon Thema in Goethes Drama »Götz von Berlichingen«, in dem Götz dem Ritter Adelbert von Weislingen über ein Ereignis mit dem Bischof berichtet: »Da ward das Männlein so rot am Hals wie ein Krebs vor Zorn und lief in die Stube zu Pfalzgraf Ludwig und dem Fürsten von Nassau und klagt's ihnen.« Na ja, und die Zornesader wird dem Bischof sicher auch geschwollen sein – und das schon 1773. Wir haben es also mit einer neuen Redewendung mit historischem Hintergrund zu tun.

völlig schmerzfrei sein

Diese persönliche Zustandsbeschreibung stammt ursprünglich aus der Medizin – ein Patient sagt von sich, dass er keine Schmerzen hat. Redensartlich benutzt, bedeutet der Satz etwas anderes: Der Sprecher streitet eine Verletzung, eine Betroffenheit ab. Gleichgültig, was ihm widerfährt, es macht ihm nichts aus. Den Studenten lässt eine verhauene Klausur kalt, den Schriftsteller ist eine miese Rezension im Online-Buchhandel völlig schnuppe. Auf der Suche nach einem Partner trennt sich Lolita Müller, ohne dass es sie belasten würde. Herbert Mustermann fährt sich eine Delle in seinen brandneuen Porsche und *ist völlig schmerzfrei*. Das sagt er zumindest. Im Regelfall kann man davon ausgehen, dass jeder, der von sich behauptet, im übertragenen Sinne *schmerzfrei* zu sein, seine Betroffenheit oder eine Verletzung überspielen will. – Es sei denn, der Satz fällt im Kreise simpler Charaktere. Kevin zum Beispiel zockt ungerührt zwischen Pizzakarton-Gebirgen und Coladosen-Klippen ganze Tage an seinem Rechner. *Da ist er völlig schmerzfrei.*

Yolo

You only live once! Das Leben ist kurz, nutze deine Zeit, kümmere dich nicht um Regeln und Verbote, gehe ruhig auch Risiken ein, sonst verpasst du etwas – die pure Aufforderung zur Unvernunft. In diesem Sinn gebrauchen junge Menschen dieses Kunstwort, das eigentlich eine Abkürzung ist. Vom lateinischen *carpe diem = Nutze den Tag!* unterscheidet sich *Yolo!* durch die egoistische Konsequenz. Während der lateinische Ausdruck immer auch eine philosophische Weltsicht, einen Nutzen für die Gemeinschaft oder gar für die ganze Welt beinhaltet, schließt *Yolo* derartige Überlegungen nicht mit ein. Es sagt ganz einfach: Ich ziehe mein Ding durch!

In den Medien tauchte *Yolo* 2004 das erste Mal auf: Bei einem Auftritt in der Fernsehshow »The Average Joe« trug es der amerikanische Unternehmer Adam Mesh als Aufdruck auf einem T-Shirt. Von der Jugendkultur adaptiert wurde es, weil es der kanadische Rapper Aubrey Drake Graham, kurz Drake, im Chorus seines Songs »The Motto« benutzte: »You only live once: that's the motto, nigga, YOLO.« Seit Ende 2011 fand der Ausdruck weite Verbreitung in der Jugendsprache, 2012 wurde *Yolo* in Deutschland zum Jugendwort des Jahres gewählt. *Yolo* verwies das englische *FU!* (Fuck you!) und das arabische *Yalla!* (Lass uns gehen, beeile dich!) auf die Plätze zwei und drei.

Beleidigungen

Auf was für nem Trip bist du denn?

Eine weitere Redensart, die aus der Drogenszene in den allgemeinen Sprachgebrauch übergegangen ist. Als *Trip* bezeichnete man ursprünglich den Zustand nach der Einnahme von LSD oder anderen bewusstseinsverändernden Drogen – der pharmazeutisch manipulierte Mensch unternahm eine Geistesreise, denn *trip* ist im Englischen auch ein Synonym für *journey*, die Reise. Der als Frage formulierte Satz wurde früher vermutlich dort angewendet, wo ein nüchtern gebliebener Mensch einem Drogenkonsumenten äußerlich nicht ansehen konnte, was er konsumiert hatte. Heute bedeutet die Redensart so viel wie: »Das bist du doch nicht selbst, das kann doch nicht dein Normalzustand sein ...« Oft ist es auch so.

Das kannst du dir abschminken.

Im Grunde bedeutet diese Redewendung in etwa dasselbe wie *Das kannst du vergessen!* – aber noch ein bisschen mehr. Der Angesprochene hat sich in eine Rolle hineingesteigert, hat sich sozusagen wie ein Darsteller am Theater für eine bestimmte Situation geschminkt und verbindet damit Erwartungen, die aber enttäuscht werden. Oder ausführlicher und zugleich umständlicher gesagt: »Spinn hier nicht rum! Wer bist du denn, dass du solche Forderungen stellst? Das, was du dir vorstellst, ist nicht machbar, komm auf den Boden der Tatsachen zurück. Der graue Alltag wartet auf dich.« In mancher neuen Redewendung steckt eine Menge sprachliche Energie.

Das kannst du knicken.

Woher diese neue Redewendung kommt, ist nicht so einfach zu klären. Ein erster Anhaltspunkt wäre vielleicht ein Grashalm, der geknickt und damit zerstört wird, doch dürfte dieses naturnahe Bild nicht unbedingt zentral für die Gruppe von Menschen sein, die diese Redewendung benutzt. Versuche, das Wort *knicken* aus seiner altgermanischen Sprachgeschichte zur Deutung heranzuziehen, geben Raum für Spekulationen, denn *knicken* bedeutete ursprünglich so viel wie *entmachten* oder auch *kneifen* im Sinne *sich einer problematischen Situation entziehen*. Darüber führen der heutige Wortsinn und das Lautmalerische im Wort hinaus. Zerbrechliches und Sprödes wie Glas oder eine filigrane Porzellanfigur werden durch Krafteinwirkung in Querrichtung *geknickt* – und somit zerstört. Diesen Vorgang begleitet ein unangenehmes Geräusch – Knick! Auch weniger feinfühlige Lebensumstände wie Kampf und Krieg schwingen mit: Der Sieger knickte die Lanze des Unterlegenen, der gesenkten Hauptes vor seinem Feind einknickte. Schlimm genug, die alltägliche Version der Redewendung hören zu müssen: *Das kannst du vergessen!* Die neue Redewendung geht weiter, ist meist an einen Verlierer gerichtet und enthält sowohl Komponenten einer kleinen persönlichen Katastrophe als auch Spuren von Arroganz des überheblichen Siegers.

Das kannst du löschen.

Die Redewendung mit Bezug zum IT-Bereich besagt nur, dass etwas nicht mehr gebraucht wird, überflüssig ist und nicht mehr aufgehoben werden muss. Im Gegensatz zum *Knicken* ist das *Löschen* keine ungewöhnlich destruktive Handlung, sondern eine regelmäßig praktizierte Aufräumaktion im Alltag. Dementsprechend wird diese Satzbildung, im übertragenen Sinne genutzt, weitaus weniger abwertend wahrgenommen als das *Knicken*.

den dicken Max machen

Von dieser Redewendung existieren einige Varianten: Man kann *den dicken Max* auch *spielen, heraushängen lassen* oder *markieren*. Alle Varianten bedeuten dasselbe: sich wichtig machen, sich aufspielen, sich in den Vordergrund drängen. Wer dieser *Max* ist, ist schwer zu klären. Einige Quellen vermuten, dass ursprünglich der *Wilhelm* diesen sprachlichen Platz besetzte, denn in Paul Linckes Lied »Berliner Luft« aus der Operette »Frau Luna« heißt es:

»Berlin! Hör ich den Namen bloß,
da muss vergnügt ich lachen!
Wie kann man da für wenig Moos
den Dicken Wilhelm machen!«

Mit *Wilhelm* war hier der lebenslustige und verschwenderische König Friedrich Wilhelm II (1744–1797) gemeint. An anderer Stelle wird *Max* auch durch *Larry* ausgebootet, hier vermutet man Verbindungen zu dem Computerspiel »Leisure Suit Larry« oder zu Larry Hagman, dem J.R. Ewing aus der Fernsehserie »Dallas« in den 1980er- und 1990er-Jahren. Wer die ganzen Namensstreitigkeiten vermeiden möchte, kann vielleicht einfach *auf dicke Hose machen* – was zumindest für Männer funktioniert und sich dann mit einer angeschwollenen Anatomie erklärt.

Der hat ja wohl ein Rad ab.

Das sagt man über jemanden, der nicht bei Verstand ist, den man für leicht verrückt halten könnte und der völlig falsch und unkalkulierbar handelt. Besonders letztere Deutung passt zur Redewendung, wird doch ein Fahrzeug, das ein Rad verloren hat, unkalkulierbar, weil es nicht mehr zu steuern ist und unter Umständen wild durch die Gegend fährt. Die ersten Automobile, noch mit empfindlichen Holzspeichenrädern versehen, werden für derartige Situationen und für das Entstehen dieser Redewendung Anfang des 20. Jahrhunderts gesorgt haben.

Auch synonyme Formulierungen haben in diesem Kontext einiges zu bieten: Wer *einen an der Waffel hat*, hat nicht etwa einen Konflikt mit einer Form von flachem Gebäck; es ist das Waffeleisen, das eine Rolle spielen soll, weil es auf uns zuklappt wie der menschliche Mund, und daraus wiederum folgert eine besonders einfallsreiche Fraktion der Sprachwissenschaft, dass die *Waffel* ein Synonym für den Mund sein soll und der wiederum soll in dieser Redewendung *pars pro toto* für den Kopf des geistig Geschädigten stehen.

Anschaulicher und einfacher nachzuvollziehen ist, wenn jemand *einen Sprung in der Schüssel* hat; man hört förmlich den Missklang des beschädigten Porzellans; hier wird eine Schadenserfahrung aus dem häuslichen Bereich auf die geistige Verfassung einer Person übertragen.

Ähnlich einleuchtend und lebenspraktisch begründet formuliert jemand einen *Dachschaden*, der behauptet, jemand *sei nicht ganz dicht.* Der erfahrene Gärtner spricht, wenn er seinem Nachbarn bestätigt, er habe *nicht alle Latten am Zaun*, wobei hier der Verlust der geistigen Abgrenzung im Sinn mitschwingt. Schließlich und endlich, wenn auch nicht unbedingt die letzte Variante: Wer *nicht alle Tassen im Schrank hat*, dem mangelt es an geistiger Vollständigkeit.

Der kann sich gehackt legen.

Woher diese Formulierung stammt und ob sie etwas mit Hackfleisch und dem Fleischwolf zu tun hat, konnte leider nicht geklärt werden. Die Bedeutung ist umso klarer: Jemand ist mir völlig gleichgültig, er kann machen, was er will, ich empfinde nur Ablehnung für ihn und bin seiner überdrüssig. Ähnlich bildhaft lässt sich dieser Sachverhalt mit anderen, einfacher zu verstehenden Redewendungen darstellen: Wer *jemandem keine Träne nachweint*, könnte ihn genauso gut *zum Teufel schicken* oder *dorthin, wo der Pfeffer wächst*. Insofern kann uns die obige Redewendung *gestohlen bleiben.*

Dir haben sie wohl ins Gehirn geschissen.

Im Zuge der allgemeinen Verrohung der Sprache fanden sich in den letzten Jahren auch immer mehr neue redensartliche Ausdrücke für geistige Defizite oder Fehlorientierungen. War der so bezeichnete Mitmensch in den 1980er-Jahren meist noch *gehirnamputiert* oder *grenzdebil*, so führten vom Hass geleitete Überlegungen in degenerierten Gehirnen zu Formulierungen wie *Dir haben sie als Kind ja wohl in die Fontanelle geschissen!* Derartiges wurde von Sprechern mit geistigem Defizit gern aufgegriffen, aber in die vereinfachte, für jeden Vollidioten verständliche Version überführt. Woher soll ein *hirnrissiger Idiot* schließlich wissen, was eine Fontanelle ist? Vorschlag: Wie vergleichsweise freundlich und letztlich immer noch gesprächsbereit ist doch die gemäßigte Formulierung: *Du hast sie ja nicht mehr alle*!

Du bist dumm wie Brot.

Was hat das arme Brot verbrochen, dass es so beschimpft wird? 2004 strahlte die ARD die Sendung »Polizeiruf 110« aus, die immerhin acht Millionen Zuschauer sahen und die den Titel trug: »Dumm wie Brot«. Aber warum das Grundnahrungsmittel derartig diskriminiert wird, ist nur schwer herzuleiten. Intellektuelle Expeditionen in die Sprachgeschichte bringen nichts Bedeutendes zum Vorschein, vielleicht noch den Zusammenhang mit dem althochdeutschen Wort *thumb*, was so viel wie *taub* und *stumm* bedeutete. Da ist die Bedeutung der Redewendung naheliegend, denn wer redet schon mit einem Kasseler Mischbrot oder einem Mehrkornbrot und erwartet auch noch eine zu verstehende Antwort? Von hier bis zu einer Bedeutungsverschiebung hin zum geistigen Mangel ist es dann nur noch ein kleiner Schritt.

Backwaren scheinen überhaupt einen schlechten Ruf zu haben, was ihre intellektuellen Fähigkeiten betrifft, existiert doch im Süddeutschen das Adjektiv *brezeldoof* oder auch alliterativ *brezelblöd* – sozusagen die Salzgebäck-Variante. In Berlin kommt die Dummheit *geschnitten* vor: *doof wie Stulle*. Glutenfeindliche Gesellschaftskreise unterstellen dem Brot – speziell dem Weizenbrot – auch noch kriminelle und zerstörerische Absichten. Wer möchte da noch Brot sein? Für geistesschwach erklärt, in Verschwörungstheorien eingebunden und als Toastbrot der Hitzefolter ausgesetzt ...

Wer mehr Verdummung möchte: Es gibt natürlich auch backwarenfreie Sprachvarianten: die althergebrachte Version *dumm wie Bohnenstroh;* die eher technische Version *dumm wie ein Sack Schrauben* und nicht zuletzt das antirustikale *blöde wie einhundert Meter Feldweg.* Warum nur sind wir derart versessen, geistige Defizite besonders farbenfroh in Sprache umzusetzen? Warum verstehen wir uns nicht darauf, die geistigen Qualitäten unserer Mitmenschen zu loben?

Du gehst mir auf den Keks.

Die ursprüngliche Fassung lautet vermutlich: *Du gehst mir auf den Geist!* Die Version mit dem *Keks* muss schon deshalb relativ neu sein, weil der *Keks* als Wort noch nicht sehr lange in der deutschen Sprache beheimatet ist. Noch im 19. Jahrhundert verwendete man den englischen Plural *cakes* neben dem *biscuits* für kleine Kuchen oder Gebäck. Erst 1915 wurde das deutsche Wort in der Schreibweise *Kek* in den Duden aufgenommen, allerdings mit dem Hinweis, dass es sich bei dem eingedeutschten *Keks* um einen Plural handelte und dass man das einzelne Stück Gebäck *Kek* nennen müsste. Bis 1934 schaffte es dann der *Keks* in der heutigen Form in die Bibel der Rechtschreibung und das, obwohl es sich eigentlich um einen Plural handelt. Was aber immer noch nicht klärt, weshalb man jemanden *auf den Keks gehen* kann. Möglich ist eine Gleichsetzung von *Keks* und *Kopf*, was Ausdrücke wie *einen weichen Keks haben* oder *einen am Keks haben* nahelegen. Noch verwirrender wird es, wenn man *einen an der Waffel haben* berücksichtigt – immerhin ist eine Waffel ja auch ein Keks. Da den Lesern vermutlich diese Deutungsversuche *auf den Keks gehen*, sollen hier noch einige Alternativen angeboten werden: Jemand kann einem anderen Menschen nicht nur *auf den Keks*, sondern auch *auf den Wecker* oder *den Zeiger*, *auf den Senkel*, aber auch *auf die Nüsse* oder *die Eier gehen*.

Du hast wohl einen Sockenschuss.

Diese Redewendung wird seit den 1990er-Jahren benutzt. *Sockenschuss* nennt man in der Wäscherei ein Verfahren, um das spätere lästige Zusammensuchen der Sockenpaare zu vermeiden: Die zusammengehörigen Socken werden deshalb mit einem dünnen, später leicht zu zerreißenden Faden an der Zehenspitze zusammengenäht. Was der *Sockenschuss* allerdings mit dem Geisteszustand zu tun hat, ist auf den ersten Blick nicht klar. Möglicherweise handelt es sich um eine Variation der Redewendung *einen Schuss haben* – wobei da der Kopfschuss als Beeinträchtigung der geistigen Gesundheit gemeint sein könnte.

du Opfer

Aus dem bedauernswerten *Opfer* der Vergangenheit hat sich in den letzten Jahren und Jahrzehnten ein verändertes Wortverständnis entwickelt, daran ist mit Sicherheit die *Kanak Sprack* nicht ganz unschuldig. Zum einen ist bei der Redewendung das Bedauern über die Schmähung und Ächtung gewichen, man kennt kein Mitleid und stellt sich auf die Seite der Täter. Das *Opfer* ist schließlich selbst schuld. Zum anderen ist ein neues Adjektiv entstanden: *opfer,* je nach Anwendungsbereich mit den Bedeutungen *schlecht, mies, äußerst jämmerlich.* Bleibt zu hoffen, dass irgendwann in der Zukunft wieder das Mitleid siegt und dass diese sprachliche Missbildung aus der Sprache vor allem junger Menschen verschwindet.

Freunde der Sonne

Es ist durchaus möglich, dass jemand, der diese Floskel benutzt, Fußballfan ist. Sie wird nämlich Stefan Effenberg zugeschrieben. Der soll 1999 in einer Pressekonferenz, in der es um Kritik an seiner Person ging, gesagt haben: »Da muss man aufpassen mit dem, was man sagt, was man schreibt und wie man das rüberbringt, damit muss man aufpassen. Weil ich bin einer, der lässt sich das nicht gefallen, Freunde der Sonne!«

Doch Effenberg ist nicht die eigentliche Quelle der Formulierung, denn die ist älter: *Freunde der Sonne* ist, zum Beispiel in studentischen Kreisen, eine freundschaftliche Ansprache. Es kann aber auch Ironie oder Herablassung damit ausgedrückt werden – eine synonyme Formulierung wäre dann etwa: *Pass auf, Freundchen!* Die positive Nutzung dieser Redewendung hat noch folgende Varianten: *Freunde der Nacht* – perfekt für die gemeinsame Clubbing-Tour, oder *Freunde des Lichts* – so könnten sich Amateurfotografen begrüßen.

Geht's noch?

Zu all den Varianten der deutschen Sprache – von der Leichten Sprache über Dialekt, Soziolekt, Mediolekt, Funktiolekt und Ideolekt – kommt nun noch eine neue Sonderform hinzu. Einen Namen hat sie noch nicht, aber sie zeichnet sich vor allem durch die enorme Kürze ihrer Sätze und Redewendungen aus. Nennen wir sie deshalb vielleicht *Breviolekt* oder *Kurzdeutsch.* Früher hat man möglicherweise von Mundfaulheit gesprochen. Die erste, aber besonders auffällige kurze Redewendung war Jugendwort des Jahres 2014: *Läuft bei dir.* Im Hardcore-Breviolekt noch knapper: *Läuft.*

Erstaunlich, was man mit zwei oder drei winzigen Worten ausdrücken kann: *Geht's noch?* bedeutet übersetzt in gewöhnlich langes Deutsch: »Ich bin ganz schön verärgert über dein Handeln, was denkst du dir eigentlich dabei? Man muss ja an deinem Verstand zweifeln! Wer hat dir das erlaubt?« Meist folgt dann auch noch die abschließende Feststellung: *Das geht gar nicht!*

Andere wirkmächtige, aber knappe Formulierungen sind:

Chill mal! – Langtext: Nun beruhige dich mal, lass es langsam angehen, man muss ja nicht jedem negativen Gefühl nachgeben und sich so maßlos aufregen.

Hammer! – Ich werd' nicht wieder, das geht ja völlig über meine Erwartungen hinaus, ich bin total glücklich/verärgert/verwundert …

Sie werden weitere Worte dieses Breviolekts in diesem Buch finden und diese sicherlich gern in Ihren Wortschatz übernehmen – schon wegen der Zeitersparnis.

Unter der Gürtellinie

auf den Sack gehen

Drastisch wird die Formulierung, wenn eine Portion Machismo ins Spiel kommt und einer der Herren der Schöpfung Überdruss und Ablehnung ausdrücken möchte: *Du gehst mir auf den Sack / die Eier / die Nüsse* sind keine gelungenen Formulierungen der Hochsprache, auch wenn der Störenfried noch so lästig ist. Wer sich so äußert, kann seinen Mitmenschen ganz schön *auf den Geist gehen.* Besonders kurios wird der Sachverhalt, wenn Frauen die Integrität ihres Sackes und ihrer Eier redensartlich infrage stellen, was durchaus geschieht ...

den Arsch offen haben

Es gibt kaum eine drastischere Ausdrucksweise, um festzustellen, dass man an der geistigen Gesundheit einer Person zweifelt. Im Mainstream der Umgangssprache würde man möglicherweise über das betreffende Individuum sagen: *Der ist nicht ganz bei Verstand!* oder vielleicht: *Der hat einen Vogel!* oder noch schlichter: *Der spinnt ja!* Die bezüglich ihrer Herkunft in der Jugendsprache der 1990er-Jahre vermutete, sehr drastische Redewendung ist zwar eigentlich für die gehobene Schriftsprache ungeeignet, sie hatte es aber vorher schon bis in die Literatur geschafft und damit auch ein früheres Vorkommen belegt. In Martin Walsers 1979 erschienenem Roman »Seelenarbeit« findet sich auf Seite 276 der folgende Passus: »Da machte er eine Handbewegung, dass ihr Brot vom Tisch gefegt wurde. Sie stand auf und sagte: ›Du hast wohl den Arsch offen.‹« Auch im Internet ist die Floskel aufzufinden – *die haben da ohnehin alle den Arsch offen.*

einen drauf lassen

Nichts bleibt in der Umgangssprache auf Dauer so, wie es ist, statt allergisch ist man zum Bleistift plötzlich algerisch und es gibt eine gute Reihe weiterer Beispiele derartiger Sprachschöpfungen. Auch hier haben wir eine solche vor uns, die ursprüngliche Version lautete brav und bieder: *Darauf kannst du dich verlassen!* So verlässlich dieses Versprechen auch ist, alles, was mit dem Thema Windeln und Blähungen zu tun hat, wird in manchen Unterhaltungen für humorvoll gehalten. Ohne Furz ist es nur halb so lustig – worauf du *einen lassen kannst*.

sich einen von der Palme wedeln

Ist das eine Redewendung oder nicht? Offenbar existiert ungefähr bei der Hälfte der Bevölkerung das Gefühl, etwas verschleiern zu müssen, denn es gibt viele Umschreibungen für die männliche Selbstbefriedigung. Und diese Hälfte, die männliche Fraktion, entwickelt eine erstaunliche Kreativität und manchmal sogar etwas wie eine derbe Dichtkunst. Diese Floskel hier ist die mit Abstand Exotischste, schon deshalb, weil sie den Vorgang sozusagen unter Palmen platziert. Vielleicht hört man sie deshalb manchmal, wenn Männer unter sich sind. Die Zahl der Synonyme *ist Legion*, aber in keinem Idiom scheint die Sonne so schön unter Palmen. Hier die besten Alternativen:

am Lachs zerren • Besuch von Frollein Faust bekommen • das Schwert schleifen • dem kleinen Peter eine Freude bereiten • dem Präsidenten die Hand schütteln • den Jürgen würgen • den Pinocchio erziehen • den Taschentuchverbrauch steigern • den Zyklopen zum Weinen bringen • die einäugige Schlange würgen • die Glatze mit der Mütze polieren • Fünf gegen Willi spielen • mit dem Lurch ringen • Mütze, Glatze, Mütze, Glatze ... • nachdenken gehen • sich die Fleischwurst polieren • sich voll im Griff haben • Unterhosen-Wrestling

die Perle in der Muschel suchen

Wer nun vermutet, dass nur die Männer über ein derart aufgeladenes Sprachpotenzial verfügen, irrt. Die weibliche Seite hat in den letzten Jahren deutlich aufgeholt und einen umfangreichen Fundus an Floskeln und Umschreibungen für dieselbe Sache, weiblich, gefunden und das in manchen Fällen mit erheblich mehr Einfallsreichtum und Poesie – die Aussagen der männlichen Seite beinhalten deutlich mehr aggressive Komponenten. Es handelt sich bei den weiblichen allerdings um relativ neue Sprachschöpfungen – noch 2014 beschwerte sich die Kabarettistin Carolin Kebekus in einer Show ihres Kollegen Bülent Ceylan publikumswirksam darüber, dass sich die weibliche Sprache mit dem unsäglichen Wort *Masturbation* begnügen müsse. Damit ist es nun vorbei, hier folgende Alternativen:

das Brötchen belegen • das Kätzchen streicheln • das Touchpad polieren • den Donut umkreisen • den Finger in die Feige legen • den Papst ärgern • den Ursprung der Welt finden • den versunkenen Schatz heben • den Zaubergarten jäten • die Auster zum

Singen bringen • die Erdbeere ehren • die Flut rufen • die Handtasche ausräumen • die Katze zum Schnurren bringen • die kleine Frau verwöhnen • die Litschi entkernen • die Madame massieren • die Mandoline zupfen • die Melone spalten • die Perle in der Muschel suchen • die Tulpe streicheln • Doppelklick auf das Mäuschen • sich den Finger geben • sich die Brosche polieren • Sirup auf die Waffel träufeln

Zu mir oder zu dir?

Abschließend eine Formulierung, die aus den Aufreißerkreisen der zweiten Hälfte des 20. Jahrhunderts stammen dürfte und so manche ahnungslose Maus aus der Disco in ein Lotterbett verschleppt hat. Neben ebenjener Funktion verfügt diese Frage auch heute noch über so viel erotische Ausstrahlung, dass sie schon als Titel einer ZDF-Fernsehkomödie herhalten musste – Durchschnittsalter der Zuschauer: 60.

Floskelparade

alter Schwede

Auch wenn man dazu tendiert, diese Redewendung für eine neueren Datums zu halten, weil sie von vielen jungen Menschen gebraucht wird, verhält es sich nicht so: Hierbei handelt es sich um ein Idiom aus der Sprache des preußischen Militärs vergangener Tage: Im 17. Jahrhundert standen schwedische Soldaten in Preußen wegen ihres Mutes und ihrer Tapferkeit in hohem Ansehen. Auch als Offiziere waren die Schweden unter preußischen Soldaten anerkannt und zugleich gefürchtet. *Alter Schwede!* ist also ein Ausruf der Anerkennung und Hochachtung, der sich über Jahrhunderte zu uns gerettet hat und heute zwar noch immer Sympathie und Bewunderung ausdrückt, aber sicher nicht mehr für kriegerische Leistungen.

bis der Arzt kommt

Die Überlegung hinter dieser Redewendung ist: Man kann eine Tätigkeit so massiv übertreiben, etwas so übermäßig konsumieren, dass es zu gesundheitlichen Schäden führt und – zumindest sicherheitshalber – ein Mediziner benötigt wird. Es handelt sich sozusagen um die sprachliche Ankündigung eines Exzesses – man tut etwas so extrem und über einen langen Zeitraum, bis es schlicht nicht mehr geht. Anders als bei der Formulierung bis zum Überdruss endet die Ausschweifung hier aber in einer Hilfs- und Rettungsaktion, Überdruss und Widerwillen als Folge sind ausgeklammert.

Dabei handelt es sich im alltäglichen Gebrauch nicht etwa um eine warnende oder belehrende Redewendung, sondern um die Aufforderung zur Übertreibung sehenden Auges, um den Kommentar zu einer Lebensweise, vor der uns unsere Eltern immer gewarnt haben. Die Formulierung hat auch etwas Angeberisches und enthält eine unausgesprochene Lobpreisung des zu erwartenden Lustgewinns. Nicht der Kater nach übermäßigem Alkoholgenuss wird benannt, sondern der Rausch gefeiert ... Coole Typen wie wir tragen eben die Folgen.

Die Redewendung ist in der Partykultur der 1990er-Jahre entstanden, dort, wo getrunken, gefeiert, getanzt und gelacht wurde, wo die Lautstärke der Musik bis zum Anschlag aufgedreht wurde und die Nacht kein Ende zu haben schien ...

Da steckste nicht drin.

Eine bildhafte Aussage, die besagt, dass man keine Einschätzung zu einer Sache oder einem Zusammenhang treffen kann, weil man nicht zu den Insidern mit vertiefter Kenntnis zählt. Als Aussage über das Verhalten einer Person stellt der / die Redende fest, dass er oder sie nicht weiß, was im Kopf des anderen vorgeht. Eigentlich handelt es sich um einen x-beliebigen Satz aus der Umgangssprache, der sich aber durch häufigere Wiederholung in den letzten Jahrzehnten zu einer neuen Redewendung aufgeschwungen hat.

Dass ich das noch erleben darf.

Diesen Satz haben in der Vergangenheit Oma und Opa regelmäßig verwendet – heute wird er gelegentlich in scherzhafter Weise von einer jungen Person verwendet, die eigentlich beste Aussichten hat, alles zu erleben, was sie noch erleben möchte.

Diese Floskel wird immer dann benutzt, wenn überraschenderweise ein erfreuliches Ereignis eintritt. Ein *Dass ich das noch erleben darf!* zur richtigen Zeit macht aus einem kleinen Erfolgserlebnis ein etwas größeres Ding. Die Ehefrau gebraucht es zum Beispiel, wenn ihr Gatte zum ersten Mal die Waschmaschine befüllt und gewaschen hat, ohne alle seine Unterhosen rosa zu färben.

Geht's Ihnen gut?

Die Neuerung bei dieser Floskel ist, dass die Antwort gleich mitgeliefert wird. Früher fragte man sein Gegenüber bei einem zufälligen Zusammentreffen: »Wie geht es Ihnen?« Der Angesprochene hatte, zumindest theoretisch, bei der Antwort die Auswahl zwischen »Gut!« und »Schlecht!«. Auf die Suggestivfrage *Geht's Ihnen gut?* wird kaum jemand antworten: »Nein, es geht mir schlecht, weil ...« Und genau da *liegt* – redensartlich – *der Hase im Pfeffer. Geht's Ihnen gut?* bietet keinen Ansatzpunkt für Gejammer und Leidensgeschichten und ist damit sozusagen Teflon-Deutsch. Es sei denn, der Angesprochene kennt das Gegenstück zu diesem nicht-kommunikativen Zauberspruch: *Ich kann nicht besser klagen!*

Geht nicht, gibt's nicht.

Was war zuerst da: die Henne oder das Ei? Eine schwierige Frage, bei dieser Redensart ist es zum Glück einfacher: Zuerst gab es die Redewendung, dann wurde etwa um das Jahr 2000 ein Werbespruch für einen Baumarkt daraus. 2006 allerdings wurde der Slogan gewechselt und lautete künftig: »Hier spricht der Preis!« Ach ja, und dann gab es noch ein Insolvenzverfahren ...

Geht nicht, gibt's nicht! ist jedenfalls nicht schuld daran. Die Aussage passt überall dort, wo es Widerstände zu überwinden gilt, also auch beim Heimwerken: Funktioniert etwas auf die eine Weise nicht, suchen wir nach einem anderen Weg. Aufgeben kommt nicht infrage! Jedenfalls nicht für Redensarten.

Geht weg wie geschnitten Brot.

Endlich einmal eine Redewendung, deren Deutung keine Wissenschaft benötigt. In der Bäckerei *läuft* manches Gebackene besser als anderes. Warme Semmeln *gehen* eben – redensartlich – *weg wie warme Semmeln*. Und geschnittenes

Brot findet schneller einen Käufer als ein ganzer, ungeschnittener Laib. Zumindest war das früher so – im Zeitalter der Brotschneidemaschine in jeder noch so kleinen Bäckerei ist geschnittenes Brot inzwischen selbstverständlich und wird noch immer in größerer Menge verkauft.

Gut, dass wir darüber gesprochen haben.

Der anfangs vermutlich ernst gemeinte Satz aus dem Mund eines Sozialarbeiters mutierte im Laufe der Zeit zu einem Witz, einem Sozialarbeiter-Witz. Wer ihn heute benutzt – meist sind es keine Sozialarbeiter – beschreibt einen unerwünschten Missstand: Man hat lange geredet, man lobt sich dafür, versagt aber letztlich bei der anstehenden Problemlösung – wie der Sozialarbeiter, der über die Missstände in der randständigen Familie zwar reden kann, aber über keinerlei Ansatzpunkt verfügt, um diese zu ändern. Die endlosen und einfühlsamen Gespräche sind nicht einmal Gesundbeterei – und insofern ist der im übertragenen Sinn genutzte Satz nichts weiter als ein intelligenter, aber auf jeden Fall sarkastischer Kommentar.

Gute Frage, nächste Frage.

Diese Redewendung ist eine ebenso lustige, respektvolle wie hilflose Anmerkung zu einer Frage, auf die der Angesprochene keine Antwort weiß. Er gibt zu, dass er nicht weiterhelfen kann, stellt aber fest, dass die gestellte Frage eine gute Frage ist, und sagt freundlicherweise auch, dass er weiteren Fragen gegenüber offen ist und gerne versuchen wird, diese zu beantworten. Seltsamerweise gibt es aber auch Gesprächspartner, die diese Antwort auf ihre Frage als unhöflich empfinden.

Darüber, wann diese Floskel aufgetaucht ist und aus welcher Quelle sie stammt, war leider nichts herauszufinden. Nur so viel: Auch im Englischen gibt es »Good question, next question!«

hammerhart

Für diesen Ausdruck gibt es mehrere Bedeutungen: Zum einen kann er als Adjektiv aussagen, dass eine Tätigkeit oder eine Aufgabe sehr beschwerlich und belastend ist. Das Adjektiv kann ein Ding oder einen Zusammenhang auch als *mit voller Kraft*, *wuchtig* und *beeindruckend* beschreiben. Auf der dritten Bedeutungsebene steht *hammerhart* als Verhaltensbeschreibung für *unglaublich*, *unfassbar* oder *ungeheuerlich.* Zum Beispiel in der Kneipe: »*Hammerhart*, was der Typ *sich alles hinter die Binde kippt!*« Der Einfachheit halber lässt man häufig den zweiten Teil des Wortes weg. *Hammer!* genügt mittlerweile. Die Quelle des Ausdrucks soll die Jugendsprache der 1990er-Jahre sein.

Hasta la vista, Baby.

Einen Spielfilm anzuschauen, ist eine ganz besondere Erlebnissituation und nicht nur die Bilder, sondern auch die sprachlichen Eindrücke hinterlassen tiefe Spuren im menschlichen Gedächtnis: Bestimmte zentrale Sätze prägen sich ein und werden bei passender Gelegenheit abrufbar – sie verwandeln sich quasi in eine Lebensart. Leonardo di Caprios *Ich bin der König der Welt!* aus »Titanic«, *E.T. nach Hause telefonieren!* und Darth Vaders einfacher, aber elementarer Satz *Ich bin dein Vater!* aus »Star Wars Episode V – Das Imperium schlägt zurück« bleiben ein Leben lang in Erinnerung. Wie auch *Hasta la vista, Baby!*, gesprochen vom Terminator T-800, verkörpert durch Arnold Schwarzenegger in »Terminator 2 – Tag der Abrechnung« von 1991. Sprache, die mit eindrücklichen Bildern verbunden ist – ist das nicht eine großartige Bereicherung? Dazu kann man nur sagen: *Yippie-Ya-Yeah, Schweinebacke!*

Hier boxt der Papst im Kettenhemd.

Um Gottes willen, was mag des Herrgotts Stellvertreter auf Erden dazu bewegen, den Boxkampf auszuüben? Und noch dazu in mittelalterlicher Rüstung? Der Ausdruck, der 1982 zum ersten Mal schriftlich festgehalten worden sein soll, ist ein mutwilliges Nonsensprodukt von unerreichter Absurdität, nach dem Motto:. »And the oscar goes to ...!« Walter Moers fand ihn wohl so gut, dass er ihn dem kleinen Arschloch als Teil einer Reportage in den Mund legte: »Da tanzt der Bär, da zockt der Mob, da boxt der Papst im Kettenhemd!« Die anarchistisch-kreativen Kräfte, die solche Sprachgebilde hervorbringen, kommen natürlich nie zur Ruhe und haben schon für eine Variante gesorgt, bei der der Heilige Vater in Nietenhosen antritt ... Eine neue Redewendung, die sogar die bisherige Nummer 1 in den Schatten stellt, die da lautete: *Sattelt die Hühner, wir reiten nach Laramie!*

Ich bin dann mal weg.

Wie oft Menschen diesen Satz wohl gesagt haben, bevor sich Comedian Hans-Peter Kerkeling entschloss, den Jakobsweg zu durchwandern und ein Buch darüber zu schreiben? Das trug diesen Titel und verkaufte sich über alle Maßen gut. Verfilmt wurde der Stoff auch noch und so kam es, dass a) dieser ganz gewöhnliche Satz erhebliche Aufmerksamkeit erhielt und plötzlich immer häufiger, schon fast penetrant oft, im alltäglichen Sprachfluss auftauchte, nämlich immer dann, wenn sich jemand verabschiedete. Und dass es b) im Jahr 2014 zu einem Rechtsstreit zwischen einem Touristikunternehmen und Hape Kerkeling kam, weil der Autor seine Titelschutzrechte durch die Übernahme von *Ich bin dann mal weg!* als Werbeslogan des Reiseunternehmens verletzt sah. Sprachliche Floskeln können also offenbar auch jemandem gehören.

Ich geh Aldi.

Irgendetwas bringt die Redenden der deutschen Sprache dazu, auf ihrem Weg durch den Alltag immer wieder die eine oder andere Präposition zu verlieren. Das begann im Krankenhaus. Irgendwann sagte die Stationsschwester zum Chefarzt: »Ich gehe dann mal auf die Station!« Nachdem sie diese Formulierung etwa 300-mal gebraucht hatte, fand sie wahrscheinlich, dass man das »die« auch weglassen könnte: »Ich gehe auf Station!« Das klingt doch irgendwie schlanker und handlicher, oder? Die letzte Konsequenz brachte das Krankenhauspersonal allerdings nicht, nämlich den Verzicht auf die Präposition: »Ich geh Station!« Das überließen sie unseren Mitbürgern mit Migrationshintergrund; die kommunizieren noch einfacher, nämlich mit Sätzen wie »Kommst du Bahnhof?« oder eben: *Ich geh Aldi!* – Kurzdeutsch *par excellence*. Nur keine Buchstaben verschwenden! Ortsbestimmungen bleiben unbenutzt, sind also nagelneu abzugeben. Die Biodeutschen sind bereits infiziert, immer häufiger hört man in der WG: *Lass ma Kino gehen!* Besonders die Bevölkerung auf dem Lande macht mit. Wen wundert es, wenn es dort zu diesem Dialog kommt, wenn die Bäuerin morgens um 4:00 Uhr aufsteht: »Was`n los? Warum bleibste nicht Bett?«, fragt ihr verschlafener Gatte. Sie antwortet kurz und präzise: »Ich geh Wochenmarkt!«

Ich habe fertig.

Eigentlich ist es unglaublich: Da sagt ein italienischer Fußballtrainer einen scheinbar harmlosen Satz und der schafft es mühelos als Redewendung in die deutsche Sprache – der Satz, nicht der Fußballtrainer. Besagter Coach heißt Giovanni Trapattoni, ehemals Trainer des FC Bayern München, und das einschneidende Ereignis war eine Pressekonferenz am 10. März 1998, zwei Tage nach einer 0:1-Niederlage gegen den FC Schalke 04. Eigentlich war es keine Pressekonferenz, sondern eine epische Wutrede mit dem abschließenden Satz: *Ich habe fertig!* Seither verbreitet sich diese Floskel wie ein viraler Infekt: Deutschland *hat fertig*, der Journalismus *hat fertig*, AKK, Lara Croft und Angela Merkel *haben fertig* und dazu noch die SPD, die Groko, der Brexit und natürlich der Euro und die EU als Ganzes – *alle haben fertig*. Aber was ist nur so faszinierend an diesen Worten? Sind sie inhaltlich so richtig und aussagestark, weil sie grammatikalisch so konsequent falsch sind?

Giovanni Trapattoni – oder nennen Sie ihn einfach *der Meister* –, besagter Meister also hat der Welt noch andere Aussagen von erstaunlicher sprachlicher Wucht hinterlassen, so zum Beispiel die über den Journalismus, der ihm im Laufe seiner Karriere manchen Stein in den Weg gelegt hat: »Wörter sind sehr einfach. Wer kann machen, machen. Wer kann nicht machen, sprechen. Wer kann nicht sprechen, der schreiben.« Das sollte auch dem Autor dieses Buches zu denken geben …

Ich sag mal so ...

Diese Formulierung diente in der Deutschen Demokratischen Republik in manchen Situationen als Nebelkerze, der Redende glaubte, mit dieser Floskel seine tatsächlichen Absichten relativieren und verschleiern zu können. Groucho Marx, keineswegs DDR-Bürger, aber hellsichtiger Anarchist, formulierte diese Art von Standpunkt so: »Ich habe eiserne Prinzipien. Wenn sie Ihnen nicht gefallen, habe ich auch noch andere.«

Noch ist es in unserer Realität nicht ganz so weit, aber so manches *Ich sag mal so ...* zum Thema Umweltschutz oder Migration funktioniert vermutlich schon nach dem DDR-Prinzip. Nur nicht festnageln lassen, sonst haftet einem – Zack! – das Etikett Nazi oder Klimaleugner (nebenbei gesagt eine komplett bescheuerte Wortbildung) an. *Ich sag mal so:* Mit der Meinungsfreiheit ist das heute bereits so eine Sache. Die kurze Fassung – ohne das *so* – stellt ebenfalls eine Möglichkeit dar, eine Aussage zu relativieren, bei der man sich nicht ganz sicher ist: *Ich sag mal ... der FC Bayern gewinnt 2:0.*

Eine andere Fraktion – jetzt einmal nicht politisch betrachtet – nutzt die Floskel, um unfertige Denkarbeit zu kaschieren: »Bitte, liebe Zuhörer, legt das, was ich jetzt gleich sage, nicht auf die Goldwaage, denn ich bin leider zu bequem oder unfähig, meine Aussagen komplett und in allen Folgen zu überdenken. Ich könnte zwar jetzt auch den Mund halten, das würde allerdings meinen Redefluss auf unangenehme Weise unterbrechen, und *ich sag mal so* ... das wollen wir doch alle nicht!« – Wirklich nicht?

Ich werf mich hintern Zug.

»Für dich tue ich doch alles, da *werfe ich mich doch sogar hintern Zug*!« Diese verdrehte Selbstmordankündigung war irgendwann einmal so lustig wie alle aus Gründen des Humors durcheinandergeworfenen Floskeln und Redensarten. Ein anderes Beispiel: *Lerne klagen, ohne zu leiden*. Die Herkunft solcher Wortschöpfungen lässt sich nur schwer erforschen, möglicherweise stammen sie aus einer verräucherten Kneipe im Frankfurter Westend, wo in den späten 1960er- und 1970er-Jahren unter Einsatz von viel Alkohol an sogenannten Spontisprüchen gebastelt wurde. Seit dieser Zeit haben solche Sprachmeisterwerke unendlich viele Trommelfelle malträtiert und heute kann man es schon als Kulturleistung ansehen, sie *nicht* zu benutzen. Und wenn sie irgendwo jemanden hören, der sich wieder einmal *hinter den Zug werfen* möchte – machen Sie böse Miene zum guten Spiel und werfen Sie sich nicht gleich vor den Zug.

Ich will ja nichts sagen, aber …

Die hier benutzte rhetorische Figur nennt man *Präterition* oder *Paralipse*, was so viel wie *Unterlassung* bedeutet. Man gibt vor, ein Thema oder einen Sachverhalt eigentlich übergehen zu wollen, macht es oder ihn dadurch aber gerade interessant (und sich selbst natürlich auch). Man benutzt sozusagen den Trick *Aussage mit Ansage*. Andere Varianten funktionieren ähnlich: *Gerade jetzt ist sicher nicht der richtige Zeitpunkt, um …* oder: *Ganz zu schweigen davon, dass …*

Und es funktioniert! »*Ich will ja nichts sagen, aber* es wird langsam Zeit, dass dein Friseur aus dem Urlaub zurückkommt …«

in keinster Weise

Es gibt manche Dinge, die lassen sich nicht steigern. Nichts ist nichts – weniger geht nicht. Tot ist tot. Nicht einmal Zombies sind lebloser. Unsere Sprache kümmert sich *in keinster Weise* um diesen Sachverhalt und hat eigene Formen für das eigentlich Unmögliche: den *Elativ*, auch *absoluter Superlativ* genannt, und den *Hyperlativ*, die Steigerung sogenannter Absolutadjektive, für die es keine Steigerung gibt. Sie werden immer dann gebraucht, wenn Außergewöhnliches ausgedrückt werden soll. Für die außergewöhnliche Höflichkeit sind *gütigst*, *herzlichst* und die *freundlichsten Grüße* zuständig. Wenn etwas außergewöhnlich eilig ist, sollte es *möglichst baldigst* erledigt werden. Die Hinterbliebenen gedenken dem Verstorbenen stets *in tiefster Trauer*, der verärgerte Nachbar ist *äußerst* entrüstet und ruft *bei den leisesten Anzeichen* einer Störung nach der Polizei. Irgendwann in den letzten Jahrzehnten begann man auch in der alltäglichen Sprache das eigentlich nicht mehr Steigerbare zu steigern und das in allen Lebensbereichen: Ein Arbeitgeber bescheinigt heutzutage seinem Mitarbeiter im Arbeitszeugnis, dass dieser zu *seiner vollsten Zufriedenheit* gearbeitet hat. Wenn man es recht überlegt, leben wir im Paradies der hochgradig übertriebenen Sprachgebilde. *Mischen Sie da mit*?

Ja, wie jetzt?

Diese Frage, besteht aus drei Wörtchen, kündigt aufkommende Empörung oder Erregung an. Es folgen Sätze wie: »*Ja, wie jetzt?* Ich soll schon wieder die Flaschen zum Container bringen?« oder »Mahnung? *Ja, wie jetzt?* Ich dachte, du hast das längst bezahlt!« Mimisch unterstützt wird das Ganze durch eine in Falten gelegte Stirn und/oder hochgezogene Augenbrauen. Unsere alltägliche Sprache wird immer kürzer und prägnanter. Noch vor ein paar Jahren hätte man gesagt: *Das glaubst du wohl selber nicht!* Oder: *Das kann so doch nicht stimmen!* – das alles und noch eine Portion Kritik dazu transportiert man heute in nur drei Wörtern. Auch wenn *Ja, wie jetzt?* in der einschlägigen Literatur noch nicht als Redensart geführt wird – so sehen ganz junge Floskeln aus: kurz, knapp, aber wirkungsstark.

Man kann sich drehen und wenden, wie man will ...

Die ursprüngliche Version hat einen entscheidenden zweiten Teil, der gerne vergessen wird bzw. manchen Leuten vollständig unbekannt ist: *Man kann sich drehen und wenden, wie man will, der Arsch bleibt immer hinten!* Über Herkunft und Alter dieser Floskel gibt es wenig Informationen, manche Quellen vermuten eine Wurzel im Saarländischen. Die Bedeutung: Gleichgültig, wie man eine Sache betrachtet oder angeht, es ändert nichts am bestehenden Problem. Die unangenehmen Eigenschaften einer Angelegenheit lassen sich nicht ändern.

meine Fresse

Die Quelle dieser beiden Worte könnte ursprünglich der Ausruf *Ach, du meine Güte!* sein, über den es wiederum einiges zu sagen gibt. Er ist die Folge einer Taburegel: Niemand durfte früher den Namen des Teufels oder den Namen Gottes aussprechen: Beim Teufel behalf man sich zum Beispiel mit der Umschreibung *des Gottseibeiuns*, der Name Gottes wurde durch eine Eigenschaft ersetzt: seine Güte. *Ach, du meine Güte!* heißt also eigentlich dasselbe wie der amerikanische Tussie-Spruch *Oh my god!*

So weit, so gut. Jetzt fragt man sich nur, wie man zu einer sinnvollen Deutung von *Ach, du meine Fresse!* und der verkürzten Form *Meine Fresse!* kommen kann. Vermutlich gar nicht. Noch schwieriger wird es bei der synonymen Redensart *Ach, du Scheiße!* – ebenfalls ein deftiger Ausruf des Erstaunens. Immerhin einen Interpretationsansatz bietet die Variante *Ach, du dickes Ei!* Es heißt, dass Kuckuckseier im Nest eines Singvogels auffallen, weil sie viel dicker sind als die Eier des eigentlichen Nestbesitzers. Ob ein Gartenrotschwanz oder ein Zaunkönig beim Anblick des parasitären Geschenks dann aber *Ach, du dickes Ei!* in seiner Sprache zwitschert, dürfte fraglich sein.

mein lieber Scholli

Hier gipfelt das sprachliche Erstaunen im Namen einer Person, die wirklich erstaunlich war: Ferdinand Joly (1765–1823), Salzburger Ex-Student hugenottischer Herkunft, dichtender und schauspielernder Aussteiger, trug den Spitznamen Scholli. Er soll ein so lustvoll-lästerliches Leben geführt haben, dass er im Jahre 1783 von der Salzburger Universität gefeuert wurde. Seine Lebensweise hinterließ aber so viel Eindruck, dass er sich deswegen auf ungewöhnliche Art verewigte. Die bewundernde Redensart *Mein lieber Scholli!* hat sich bis heute erhalten, eine schöne Leistung für einen der ersten Hippies!

mit links und 40 Fieber

Echte Leistungsträger in Sport, Wirtschaft und Kunst verfügen über große Reserven und bewältigen Aufgaben, für die andere Menschen ihr ganzes Potenzial bis zum Anschlag nutzen müssten, sozusagen *mit angezogener Handbremse* oder, wie man früher sagte, *mit links.* In den heutigen, ebenso leistungsorientierten wie in mancher Hinsicht kranken Zeiten kommt noch das Fieber hinzu und das gleich in einer lebensgefährlichen Höhe. Es hat schon etwas Angeberisches, wenn man sich mit dieser Redewendung selbst ein übermenschliches Potenzial zuschreibt.

Nicht immer, aber immer öfter.

Dieser Slogan stammt aus einer Werbung für alkoholfreies Bier, das der Konsument natürlich immer öfter trinken sollte. Im allgemeinen Sprachgebrauch wird diese Floskel benutzt, wenn etwas allmählich an Bedeutung oder Häufigkeit gewinnt. Auf die Frage: »Gehst du jeden Morgen joggen?« ist die perfekte Antwort: *Nicht immer, aber immer öfter ...* In dieser Funktion ist dieses geflügelte Wort die perfekte Ausrede, um weiteres Nachfragen zu verhindern.

nicht die Bohne

So cool und neu sie sich anhört: Diese Redensart stammt aus dem Mittelalter und stellt einen Wertvergleich dar: Das überall verfügbare Grundnahrungsmittel Bohnen war früher nicht allzu teuer und wenn etwas *nicht die Bohne* wert war, so musste es schon ziemlich bedeutungslos gewesen sein. Wenn einen heutzutage etwas *nicht die Bohne* interessiert, dann geht es einem *am Arsch vorbei.*

nicht wirklich

Ohne Quatsch: Statt dieser Redensart könnte man in 99,9 Prozent aller Fälle schlicht und einfach auch *Nein!* sagen, was sich aber weitaus *uncooler* anhört. Stattdessen nutzt man hier einen eingedeutschten Anglizismus, denn der Ursprung dieser beiden Worte ist die englische Version: *not really. Nicht wirklich* ist also ein Kofferwort aus Deutsch und Englisch (ähnlich wie *Sinn machen* – übernommen von *to make sense* und der Feind des simplen deutschen Wortes *sinnvoll)* und wird als Kuschelversion des kantigen und glasharten *Nein!* wahrgenommen. Es enthält im Gegensatz dazu immer noch eine Portion Verbindlichkeit.

Allerdings erfüllen die beiden Worte *nicht wirklich* immer die Kriterien für eine Redewendung; als Teil eines einfachen Aussagesatzes sind sie ganz gewöhnliche Worte, seit Langem Teil unserer Sprache und werden *nicht wirklich* als

Redensart genutzt – gerade eben zum Beispiel. In Gebrauch kam die Verwendung als Synonym für *Nein!* irgendwann in den 1990er-Jahren.

Oberhammer

Hammer! hatten wir schon – in der Bedeutung *Ich werd nicht wieder, das geht ja völlig über meine Erwartungen hinaus, ich bin total glücklich/verärgert/verwundert.* Vor die Schwierigkeit gestellt, das Wort *Hammer* noch zu steigern, wurde glücklicherweise die Bildung *Hammerst!* vermieden und ein anderer Weg gewählt. Was bei der Beförderung des Unterhemdes zum Oberhemd nicht so recht funktioniert – hier klappt es. Der *Hammer!* steigt in der Hierarchie auf und bezeichnet als *Oberhammer!* noch intensivere Erfahrungen und Gefühlslagen. Seit der zweiten Hälfte des 20. Jahrhunderts steht dieses Wunderwerkzeug zur Verfügung – Jugendsprache eben.

ohne Scheiß jetzt

Unternehmen wir noch einen Ausflug ins Kurzdeutsche: Wie viele Worte musste man früher machen, um zu verdeutlichen, dass man es in einer Angelegenheit wirklich ernst meint? *Mach dir keine Sorgen, ich meine es ehrlich! Du kannst dich darauf verlassen, dass ich zu meinem Wort stehe!* Heute geht das im Assi- oder Dönerdeutsch mit zwei oder drei Worten, *ohne Scheiß!* Wobei schon zwei Worte genügen, das dritte *jetzt* wirkt verstärkend, weil es die gegenwärtige Gültigkeit der Aussage unterstreicht, ihr sozusagen einen Zeitstempel verpasst. Die zivilere Variante – *Ohne Quatsch jetzt!* – ist in nahezu allen Lebensbereichen einsetzbar, die verschärfte Version – *Ohne Scheiß jetzt!* – sollte der Abteilung Kumpel-Kneipe-Kaffeekränzchen vorbehalten bleiben. Wobei es sein kann, dass manchmal Aussage, Inhalt und Form differieren: »Ich beherrsche die gehobene literarische Schriftsprache, du Arschloch, *ohne Scheiß jetzt!*«

Okay ...

Wieder ein Wort, das Teil des neudeutschen Breviolekts sein könnte – wenige Buchstaben, viel Aussage. Wichtig ist hier die betonende Stimmhebung auf der zweiten Silbe, typografisch vielleicht so darzustellen:

oKAY!

Die Aussage ist: Jemand nimmt etwas mit positivem Erstaunen wahr – sprachlich eine geniale Konstruktion, transportiert sie doch ein Gefühl, für das es bisher keine Artikulationsmöglichkeit gab. Außerdem gelingt es mit einem einzigen Wort, eine erlebte oder angespannte sprachliche Situation zu beschreiben – und das ist doch etwas. Die negative Bedeutungsvariante wäre: »Ich habe lange genug zugehört; was du da redest, ist mir schnurzpiepegal!«

Wird diese Ausdrucksmöglichkeit zu intensiv genutzt, kann man möglicherweise auch die ok-Variante *Okidoki* zum Einsatz bringen, deren Wurzeln im amerikanischen Englisch zu finden sind. Leider klingt sie noch eine Portion alberner.

on the fly

Nein, mit der Fliege hat das gar nichts zu tun. *On the fly* sagt der anglophile Sprecher, wenn etwas quasi im Vorbeiflug erledigt wird, also schnell und spontan. Die Vokabeln der deutschen Sprache, die dadurch vermieden werden, heißen *nebenbei* und *im Vorbeigehen.* Es klingt einfach geiler, wenn der neue Mann die Firma *on-the-fly* (so kann man das auch schreiben) saniert hat und nicht so *nebenbei.* Diese Redewendung gehört in das Schulterhalfter jedes Karrierecowboys ...

Passt schon!

Das ist wieder Kurzdeutsch der besten Sorte – besonders häufig gebraucht als Antwort auf die Frage: *Wie geht's?* Zuzugeben, dass es einem über alle Maßen gut geht, wäre pure Angeberei. Die Aussage, dass es schlecht läuft und dem Angesprochenen das Wasser bis zum Halse steht, wäre unnötiges Gejammer. *Passt schon!* liegt irgendwo dazwischen. »Der Status quo könnte besser sein, aber was sein muss, das muss sein. Fertig. Weiter will ich nicht darüber reden.« Die Quelle dieser Redewendung, die sich in neueren Jahren schnell verbreitete, könnte der bayerische Dialekt sein: *Passt scho!* heißt es da. Ältere Redensarten bleiben unausgesprochen, schwingen aber mit: *Der Topf passt auf den Deckel! Was nicht passt, wird passend gemacht!* und siehe da: Etwas *passt wie die Faust aufs Auge*. Summa summarum: *Passt schon!* Noch knapper: *Muss!*

quadratisch, praktisch, gut

Ein Spruch aus der Schokoladenwerbung schafft es manchmal in den Bereich der humoristischen Kommunikation. Dieser hier wird zum Beispiel als männliche Aussage zur Beschaffenheit einer weiblichen Person missbraucht, die nicht gerade gertenschlank ist, aber sonst ihre Qualitäten hat – *quadratisch, praktisch, gut* eben. Wobei anzumerken ist, dass der regelmäßige Genuss von Schokolade eher die Kugelform als das Quadrat fördert.

Stimmt's oder habe ich recht?

Die etwas abgegriffene Floskel ist zugleich eine rhetorische und eine Suggestivfrage, die unterstreichen soll, dass man sich seiner Sache sicher ist. Sie ist so formuliert, dass scheinbar eine andere Sichtweise möglich ist, aber jede denkbare Antwort dasselbe Ergebnis nach sich zieht. Eine Portion Unsicherheit schwingt bei dieser Redewendung dennoch mit, deswegen möchte der Fragende in seiner Sichtweise bestätigt werden und möglichst keinen Widerspruch hören. Einer echten argumentativen Auseinandersetzung ist diese Floskel nicht förderlich.

Und sonst?

Eine Grußformel der Kurzsprache, die manche Leute als skurrilen Ersatz für »Hallo, wie geht es dir?« verwenden. Der Gag daran ist das Unvermittelte, Anspringende, die kommunikative Gepflogenheiten ignorierende Kaltschnäuzigkeit. In der entsprechenden Szene antwortet der Angesprochene im gleichen Sinne, zum Beispiel mit: *Läuft!* oder *Muss!* Zur zwischenmenschlichen Eloquenz trägt diese Ansprache allerdings nicht bei.

Wer lesen kann, ist klar im Vorteil.

Eine ironische oder humoristische Anmerkung, die vielseitig einsetzbar ist. Bei Computerproblemen – da, wo der englischsprachige User *RTFM = Read the fucking manual!* anmerkt – verweist die Floskel auf die Möglichkeit, sich mithilfe von Schriftmaterial zu informieren. Wenn jemand ein Warnschild übersieht und sich den Kopf stößt, wenn jemand die Öl-Flasche mit der Essig-Flasche verwechselt, wenn jemand in einer fremden Stadt umherirrt und die Straßenschilder nicht sieht – überall gilt: *Wer lesen kann, ist klar im Vorteil.* Wobei man stillschweigend voraussetzt, dass die gelesenen Informationen auch verstanden, akzeptiert und umgesetzt werden. Was den Lesern dieses Buches aber nicht mehr erklärt werden muss, wenn sie es bis hierher geschafft haben.

Wie geil ist das denn?

Hier haben wir es mit einer vielseitigen, aber eigentlich eintönigen neuen grammatikalischen Form zu tun. Ähnlich sind die Floskeln: *Wie blöd ist das denn? Wie abgefahren ist das denn?* Das Muster ist immer dasselbe: *Wie xxx ist das denn?* Der Trick: Die suggestive Frage weckt Interesse, das *denn* am Ende wirkt verstärkend. Alles geht: *Wie schlau, lecker, unglaublich, unverschämt, heiß, durchgedreht, angesagt, sinnlos, dumm, cool, überflüssig* ... Ist das nicht wunderbar, wenn man immer die passende Matrix dabeihat, um seine Gefühle auszudrücken?

Auf der Jagd nach neuen Redensarten?

Wo sucht man eigentlich nach neuen Redensarten?

Belauscht man die vegane Grillparty im Szeneviertel mit dem Richtmikrofon? Tchuligom, das gehört sich nicht, das ist *sick as fuck*.

Fährt man einfach nur U-Bahn? Fundstücke der sparsamsten Formen der deutsche Grammatik wie »Ich fahr Opernplatz!« oder »Bahn weg, komm ich später« sind einem sicher.

Forscht man im Dönerladen an der Ecke? Wortschöpfungen aus dem lebendigsten Multiethnolekt warten darauf, entdeckt zu werden – so auch *Alman*, das Universalschimpfwort für alles Deutsche, ein Wort wie weiße Socken in Sandalen, Besserwisserei und Nachbarschaftsgemecker.

Oder infiltriert man die sozialistische Jugend Gelsenkirchen-Buer oder besser Friday For Future? Von den *Millennials*, den um die Jahrtausendwende Geborenen, ist über die passende Bezeichnung ihrer Altersgruppe hinaus sprachlich einiges zu erwarten.

Zugegeben, leicht wird das alles nicht. Wem es also zu anstrengend ist, der sollte vielleicht lieber in seinem eigenen Umfeld ein bisschen *cornern*. Beim Rumhängen an der Straßenecke erfährt man in der gelebten Feldstudie mehr über die Gegenwart und Zukunft der Sprache, als einem so manches Mal bewusst ist.

Cu, Habibi.

Der Autor

208 Seiten
6,99 € (D) | 7,20 € (A)
ISBN 978-3-86883-865-7

Norbert Golluch

Endlich nicht mehr nur Bahnhof verstehen, sondern wissen, wo der Hase im Pfeffer liegt

Das Redewendungen-Erklärungsbuch

Warum tritt man ins Fettnäpfchen? Welcher Hase liegt in welchem Pfeffer? Und warum hat man einen Frosch im Hals?
Norbert Golluch nimmt sich über 300 populäre Redewendungen vom Mittelalter bis zur Moderne vor und liefert nicht nur Erklärungen für jeden Ausspruch, sondern zeigt auch noch auf humorvolle Weise die Entstehung der Sprichwörter auf.

riva